AF317768

HISTOIRE

ANCIENNE

DE

ROLLIN.

15.

LAGNY. — Imprimerie D'A. LE BOYER et Cie.

HISTOIRE

ANCIENNE

DE

ROLLIN.

NOUVELLE ÉDITION,

ENRICHIE D'UNE NOTICE SUR ROLLIN.

TOME QUINZIÈME.

PARIS,

CHEZ PHILIPPE, LIBRAIRE,

RUE FURSTEMBERG, N° 8.

—

1835.

HISTOIRE ANCIENNE

DES ÉGYPTIENS,

DES CARTHAGINOIS, DES ASSYRIENS, DES BABYLONIENS,

DES MÈDES ET DES PERSES.

DES MACÉDONIENS ET DES GRECS.

(Suite du § VII).

Sur le premier bruit du traité conclu avec Hiéronyme, Appius préteur de Sicile, lui envoya des ambassadeurs pour renouveler l'alliance que les Romains avaient eue avec son aïeul. Ce prince orgueilleux les reçut avec beaucoup de mépris, leur demandant d'un ton railleur et insultant ce qui s'était passé à la journée de Cannes ; que les ambassadeurs d'Annibal en racontaient des choses incroyables ; qu'il était bien aise d'en savoir la vérité par leur bouche, afin de se déterminer sur le choix de ses alliés. Les Romains lui répondirent qu'ils reviendraient vers lui quand il aurait appris à recevoir sérieusement des ambassadeurs ; et, après l'avoir averti, plutôt que prié, de ne point changer témérairement de parti, ils se retirèrent.

Enfin, sa cruauté et les autres vices auxquels il se livrait aveuglément lui attirèrent une fin malheureuse : ceux qui avaient formé la conspiration dont il a été parlé suivirent leur plan, et, ayant trouvé une occasion favorable d'exécuter leur entreprise, le tuèrent dans un voyage qu'il faisait de Syracuse au pays et dans la ville des Léontins.

On voit ici sensiblement la différence qu'il y a entre un roi et un tyran, et que ce ne sont point les gardes et les armes qui mettent un prince en sûreté, mais l'affection des sujets. Hiéron, persuadé que ceux qui ont dans les mains les lois pour gouverner les peuples doivent toujours se gouverner eux-mêmes par les lois, se conduisait de telle sorte, qu'on pouvait dire que c'était la loi, et non Hiéron, qui régnait. Il ne se croyait riche et puissant que pour faire du bien et pour rendre les autres heureux. Il n'avait pas besoin de se précautionner pour la sûreté de sa vie : il avait toujours autour de lui la plus sûre garde, qui est l'amour des peuples ; et Syracuse ne craignait rien tant que de le perdre.

Aussi sa mort fut pleurée comme celle du père commun de l'état. Les bouches, et encore plus les cœurs, long-temps après, étaient remplis de son nom, et ne cessaient de bénir sa mémoire. Hiéronyme, au contraire, qui n'avait d'autre règle que la violence, qui regardait tous les autres hommes comme nés uniquement pour lui, qui se piquait de commander non à des sujets, mais à des esclaves, menait la vie du monde la plus triste, si c'est vivre que de passer ses jours dans des frayeurs continuelles. Comme il ne se fiait à personne, personne ne pouvait se fier à lui. Ceux qui approchaient le plus près de sa personne étaient les plus exposés à ses soupçons et à sa cruauté, et ils crurent ne pouvoir mettre leur vie en sûreté qu'en finissant la sienne. Voilà où se termina un règne très court, mais rempli de désordres, d'injustice et de violences.

Appius, qui prévoyait les suites de cette mort, donna avis de tout au sénat, et prit toutes les précautions nécessaire pour conserver la province du peuple romain.

(Av. J.-C. 214.) Les Romains, voyant qu'il s'élevait dans la Sicile une guerre qui n'était pas à mépriser, chargèrent du soin de cette province Marcellus, l'un des consuls.

Au moment qu'Hiéronyme fut tué, les soldats songèrent d'abord à venger sa mort sur les conjurés : mais le doux nom de la liberté, dont on les flatta, l'espérance qu'on leur donna de leur distribuer l'argent du tyran, et de leur payer une meilleure solde : et le récit de ses crimes affreux et de ses honteuses débauches, tout cela apaisa leur première impétuosité et changea tellement leurs dispositions qu'ils laissèrent sans sépulture le corps de ce prince, qu'ils venaient de regretter si fort un moment auparavant.

Dès qu'on eut appris ce meurtre à Syracuse, Andranodore s'empara de l'île qui était une des parties de la ville, de la citadelle, et d'autres endroits propres à s'y défendre ; et il y mit de bonnes garnisons. Théodote et Sosis, chefs de la conspiration, ayant laissé leurs complices à l'armée pour contenir les soldats, arrivèrent à la ville bientôt après. Ils se rendirent maîtres du quartier d'Achradine, où, en montrant au peuple la robe sanglante du tyran avec son diadème, et l'exhortant à prendre les armes pour défendre sa liberté, ils se virent bientôt à la tête d'une nombreuse multitude.

Toute la ville était en confusion. Le lendemain, à la pointe du jour, tout le peuple, tant armé que sans armes, accourt à l'Achradine, où se tenait le sénat, qui, depuis la mort d'Hiéron, n'avait été ni assemblé ni consulté sur aucune affaire. Polyène, l'un des sénateurs, parla au peuple avec beaucoup de liberté et de modération. Il leur représenta que, connaissant par expérience les indignités et les misères de la servitude, ils en étaient vivement frappés; mais que, pour ce qui est des maux que la discorde civile entraîne après elle, ils en avaient plutôt entendu parler à leurs pères, qu'ils n'en étaient instruits par eux-mêmes: qu'il les louait d'avoir pris promptement les armes; et qu'il les louerait encore davantage, s'il ne s'en servaient que dans la dernière nécessité: que, pour le présent, il était d'avis d'envoyer des députés à Andranodore, pour lui déclarer qu'il eût à se soumettre au sénat, à ouvrir les portes de l'île; et à en retirer sa garnison; que, s'il persistait dans son usurpation, il fallait le traiter plus rigoureusement encore qu'on n'avait fait d'Hiéronyme.

Cette ambassade fit d'abord impression sur son esprit : soit qu'il conservât encore quelque respect pour le sénat, et qu'il fût touché du consentement général des citoyens ; soit que la partie de l'île la mieux fortifiée, qui lui avait été enlevée par trahison et livrée aux Syracusains, lui donnât de l'inquiétude. Mais sa femme Démarate, princesse fière et ambitieuse, l'ayant tiré à part, le fit souvenir de cette parole célèbre de Denys le tyran, *qu'il ne fallait point sortir du trône qu'on n'en fût arraché par les pieds* : qu'on pouvait en un moment renoncer à une grande fortune, mais qu'il en coûtait beaucoup de temps et de peine pour y parvenir; que le parti le plus sage, pour le présent, était d'obtenir des ambassadeurs quelque temps pour délibérer, pendant lequel il ferait venir des soldats de chez les Léontins; qu'en leur promettant de partager entre eux les trésors du roi, il se rendrait maître de tout.

Il ne rejeta pas entièrement ces conseils, mais il ne jugea pas à propos d'en faire usage sur-le-champ; et crut que le moyen le plus sûr d'arriver au but qu'il se proposait était de céder pour le présent. Il promit donc de se soumettre à l'autorité du sénat; et, le lendemain, ayant ouvert les portes de l'île dès le matin, il se rendit à l'Achradine; et là, après s'être excusé devant le peuple de son délai et de sa résistance, sur la crainte qu'il avait eue qu'on ne l'enveloppât, comme allié, dans la punition du tyran, il déclara qu'il venait remettre sa personne et ses intérêts entre les mains du sénat. Puis, se tournant vers les meurtriers du tyran, et apostrophant Théodote et Sosis : « Vous avez, leur dit-il, fait une mémorable action; mais, croyezmoi, votre gloire n'est que commencée, et n'est point encore parvenue à son comble : si vous ne songez à établir la paix et la concorde parmi les citoyens, la république court grand risque d'expirer et de périr dans le moment même qu'elle commence à goûter les doux fruits de la liberté. » Après ce discours, il mit à leurs pieds les clefs de l'île et des trésors du roi. La joie se répandit dans toute la ville; et les temples furent remplis, pendant tout ce jour, d'une foule infinie de peuple, qui allait remercier les dieux de cet heureux changement.

Le jour suivant, le sénat s'étant assemblé selon l'ancienne coutume, on créa des magistrats, parmi lesquels on nomma Andranodore des premiers, avec Théodote et Sosis, et quelques autres conjurés qui étaient absens.

D'un autre côté, Hippocrate et Épicyde, se voyant, à la nouvelle de la mort du tyran, abandonnés des soldats qu'il commandaient, s'en revinrent à Syracuse, où ils demandèrent une escorte pour retourner sûrement auprès d'Annibal, n'ayant plus rien à faire en Sicile depuis la mort de celui à qui ce général les avait envoyés. On n'était pas fâché de se délivrer de ces deux étrangers, dont l'esprit était inquiet et remuant, et qui avaient beaucoup d'expérience dans la guerre. Mais la négligence qu'on apporta à régler le temps de leur départ leur donna lieu de s'insinuer dans l'esprit des soldats, qui les estimaient à cause de leur habileté, et de les indisposer contre le sénat et contre les citoyens les mieux intentionnés.

Andranodore, à qui l'ambition de sa

femme ne donnait point de repos, et qui jusque-là avait usé de dissimulation pour mieux couvrir ses desseins, croyant qu'il était temps de les faire éclore, conspira avec Thémiste, gendre de Gélon, pour s'emparer de la royauté. Il communiqua ses vues à un comédien, nommé Ariston, pour qui il n'avait rien de caché. Cette profession n'était point infâme chez les Grecs, et était exercée par des gens d'une condition honnête. Ariston, pour qui les droits de la patrie étaient plus sacrés que ceux de l'amité, découvrit la conspiration. Andranodore et Thémiste sont tués aussitôt par l'ordre des autres magistrats, en entrant dans le sénat. Le peuple se soulève, et menace de venger leur mort; mais on l'effraie en jetant les cadavres des deux conjurés hors du sénat. Puis on l'instruit de leurs mauvais desseins, auxquels on attribue tous les maux de la Sicile plutôt qu'à la méchanceté d'Hiéronyme, qui, n'étant qu'un enfant, ne s'était conduit que par leur conseils; que ses tuteurs et ses maîtres avaient régné sous son nom; qu'ils auraient dû être exterminés avant Hiéronyme, ou du moins avec lui; que l'impunité les avaient poussés. à de nouveaux crimes, et les avait portés à aspirer à la tyrannie; que, n'ayant pu y réussir par la force, ils avaient employé la dissimulation et la perfidie; qu'on n'avait pu vaincre à force de graces et de faveurs la mauvaise volonté d'Andranadore, en le nommant à la première magistrature parmi les libérateurs de la patrie, lui qui était l'ennemi déclaré de la liberté; qu'au reste, cette ambition de règner leur avait été inspirée par les princesses du sang royal qu'ils avaient épousées, l'une fille d'Hiéron, l'autre fille de Gélon.

A cette parole, il s'élève un cri de toute l'assemblée, qu'il n'en faut laisser vivre aucune, et qu'il faut exterminer entièrement la race des tyrans, sans qu'il en reste de trace. Tel est le caractère de la multitude; ou elle se livre bassement à l'esclavage, ou elle domine avec insolence: mais, par rapport à la liberté, qui tient le milieu entre ces deux excès, elle ne sait ni s'en passer, ni en user; et il ne se trouve que trop de flatteurs, toujours prêts à entrer dans ses passions, à enflammer sa colère, et à la pousser aux dernières violences et aux plus barbares cruautés, à quoi elle n'est déja que trop portée par elle-même. C'est ce qui arriva pour lors. Sur la requête des magistrats, qui fut presque plutôt acceptée que proposée, on ordonna que la race royale serait entièrement détruite.

On tue d'abord Démarate, fille d'Hiéron, et Harmonie, fille de Gélon, mariées, la première à Andranodore, et la seconde à Thémiste. De là on va à la maison d'Héraclée, femme de Zoïppe, qui, ayant été envoyé ambassadeur à Ptolémée, roi d'Égypte, y était resté voloutairement en exil pour ne pas être témoin des maux de sa patrie. Avertie qu'on allait venir à elle, cette infortunée princesse s'était réfugiée avec ses deux filles dans le lieu le plus retiré de sa maison vers ses dieux pénates. Là, quand les assassins furent arrivés, les cheveux épars, le visage baigné de larmes, et dans l'état le plus propre à exciter la compassion, elle les conjura d'une voix tremblante et entrecoupée de soupirs, au nom d'Hiéron son père et de son frère Gélon, de ne pas envelopper une princesse innocente dans le crime et dans les malheurs d'Hiéronyme. Elle leur représenta qu'elle n'avait tiré d'autre fruit du règne de ce prince que l'exil de son mari; que, n'ayant point eu de part à la fortune ni aux desseins criminels de sa sœur Déma- rate, elle n'en devait point avoir à son châtiment : que pouvait-on craindre, au reste, ou d'elle-même, dans l'état d'aban- don et presque de viduité où elle était ré- duite, ou de ses filles, malheureuses or- phelines sans appui et sans crédit? que si l'on ne pouvait supporter la vue des per- sonnes du sang royal, on pouvait les relé- guer à Alexandrie; et rejoindre la femme à son mari, les filles à leur père. Quand elle les vit inflexibles à ses remontrances, oubliant ce qui la regardait, elle les pria de vouloir au moins sauver la vie aux princesses ses filles, toutes deux d'un âge qui inspire la compassion aux ennemis les plus transportés de fureur. Elle ne gagna rien sur l'esprit de ces barbares. L'ayant arrachée comme d'entre les bras de ses dieux pénates, ils la percèrent de coups sous les yeux de ses deux filles, et les égorgèrent aussitôt elles-mêmes, déja teintes et couvertes du sang de leur mère.

Ce qu'il y eut de plus triste dans leur destinée, c'est qu'immédiatement après leur mort, il vint un ordre du peuple qui leur sauvait la vie.

De la commpassion le peuple passa en un moment à des sentimens de colère et de fureur contre ceux qui avaient si fort pressé l'exécution, sans laisser de lieu à la réflexion ni au repentir. Il demande qu'on nomme des magistrats en la place d'Andranodore et de Thémiste. On hésite long-temps sur ce choix. Enfin quelqu'un de la foule du peuple nomme au hasard Épicyde, un autre nomme aussitôt Hippocrate. Ces deux hommes sont demandés avec tant d'ardeur par la multitude, composée de citoyens et de soldats, que le sénat ne peut empêcher qu'ils ne soient créés.

Les nouveaux magistrats ne découvrirent pas d'abord le dessein qu'ils avaient de remettre Syracuse dans les intérêts d'Annibal. Mais ils voyaient avec peine les démarches qu'on avait faites avant qu'ils fussent en charge : car, aussitôt après le rétablissement de la liberté, on avait envoyé des ambassadeurs à Appius pour proposer le renouvellement de l'alliance qu'Hiéronyme avait rompue. Celui-ci les avait adressés à Marcellus, qui venait d'arriver en Sicile avec une autorité supérieure à la sienne. Marcellus en envoya à son tour aux magistrats de Syracuse pour traiter de la paix.

Ils trouvèrent, en y arrivant, l'état des choses bien changé. Hippocrate et Épicyde, d'abord par de sourde menées, puis par des plaintes ouvertes, avaient inspiré à tout le monde une grande aversion pour les Romains, en faisant entendre qu'on songeait à leur livrer Syracuse. La vue d'Appius, qui s'était approché de l'entrée du port avec ses vaisseaux pour encourager ceux du parti romain, fortifia de nouveau ces soupçons et ces accusations, de sorte que la multitude courut tumultuairement pour empêcher les Romains de mettre pied à terre, supposé qu'ils en eussent le dessein.

Dans ce trouble et cette confusion, on jugea à propos de convoquer l'assemblée du peuple. Les avis y étant fort partagés et la chaleur des disputes faisant craindre quelque sédition, Apollonide, un des principaux du sénat, tint un discours fort

convenable à l'état présent des affaires. Il
fit voir que jamais ville n'avait été plus près
ou de sa perte, ou de son salut, que l'était
actuellement Syracuse; que, si tous, d'un
consentement unanime, se rangeaient ou
du côté des Romains, ou de celui des Carthaginois, leur état serait heureux; que,
s'ils se partageaient de sentimens, la guerre
ne serait ni plus vive ni plus dangereuse
entre les Romains et les Carthaginois
qu'entre les Syracusains mêmes divisés les
uns contre les autres, chaque parti devant
avoir, dans l'enceinte des mêmes murailles,
ses troupes, ses armées et ses chefs; qu'il
fallait donc travailler uniquement à con-
venir tous ensemble et à se réunir; et que
de savoir laquelle des deux alliances était
la plus utile, ce n'était pas maintenant la
question la plus importante: qu'au reste,
pour le choix des alliés, l'autorité d'Hiéron
semblait devoir l'emporter sur celle d'Hiéronyme; et que l'amitié des Romains,
connue par une heureuse expérience de
cinquante années, paraissait préférable à
celle des Carthaginois, sur laquelle on ne
pouvait trop compter pour le présent, et
dont on s'était fort mal trouvé autrefois :

enfin, et ce motif n'était pas tout-à-fait à rejeter, qu'en se déclarant contre les Romains ils auraient aussitôt sur les bras une guerre que les Carthaginois n'étaient pas en état de leur faire si tôt.

Moins ce discours parut passionné, plus il eut d'effet. On voulut avoir l'avis des différens corps de l'état ; et l'on pria les principaux officiers des troupes, tant de la ville qu'étrangères, de conférer ensemble. L'affaire fut discutée long-temps, et avec beaucoup de vivacité. Enfin, comme on ne voyait pas de moyen présent de soutenir la guerre contre les Romains, on conclut à la paix, et on leur envoya des ambassadeurs pour terminer l'affaire.

Peu de jours après cette résolution prise, les Léontins envoyèrent demander du secours à Syracuse pour défendre leurs frontières. Cette députation parut venir fort à propos pour décharger la ville d'une multitude inquiète et turbulente, et pour éloigner leurs chefs non moins dangereux. On fit partir quatre mille hommes sous le commandement d'Hippocrate, dont on était bien aise de se défaire, et qui ne fut pas fâché lui-même de cette occasion qu'on

lui donnait de brouiller ; car il n'y fut pas
plus tôt arrivé, qu'il pilla les frontières de
la province romaine, et tailla en pièces
une troupe qu'Appius avait envoyée pour
les défendre. Marcellus se plaint aux Syracusains de cette injure, et demande qu'on
chasse de la Sicile cet étranger avec son
frère Épicyde, qui, s'étant venu vendre en
même temps dans la ville des Léontins,
tâchait d'en brouiller les habitans avec
ceux de Syracuse, en les exhortant à se
mettre en liberté aussi bien que les Syracusains. La ville des Léontins était de la
dépendance de Syracuse : mais elle prétendait ici secouer le joug et agir indépen-
damment des Syracusains, comme une
ville pleinement libre. Lors donc que ceux
de Syracuse envoyèrent aux Léontins faire
des plaintes des hostilités commises contre
les Romains et deman lèrent qu'on chassât
les deux frères carthaginois qui en étaient
les auteurs, les Léontins leur répondirent
qu'ils ne les avaient pas chargés de faire la
paix pour eux avec les Romains.

Les députés de Syracuse rapportèrent à
Marcellus cette réponse des Léontins, dont
ils ne disposaient plus, lui laissant la li-

berté de leur déclarer la guerre, sans que
cela portât préjudice au traité qu'ils
avaient fait ensemble. Il marcha aussitôt
contre Léonce, dont il se rend maître à la
première attaque. Hippocrate et Épicyde
prirent la fuite. On fit main-basse sur tout
ce qui se trouva de déserteurs, dont le
nombre montait bien à deux mille : mais,
depuis que la ville fut prise, on ne toucha à aucun des Léontins ni des autres
soldats ; on leur rendit même tout ce qui
leur appartenait, à l'exception de ce que
le premier tumulte d'une ville prise d'assaut
avait fait périr.

Huit mille hommes, que les magistrats
de Syracuse envoyaient au secours de
Marcellus, rencontrent en chemin un
homme, qui leur fait le récit de ce qui s'est
passé à la prise de Léonce, exagérant, soit
par imprudence, soit par une malice affec-
tée, la cruauté des Romains, qu'il assurait,
contre la vérité, avoir fait passer au fil de
l'épée tous les habitans, aussi bien que
les troupes qui y avaient été envoyées
de Syracuse.

Cette nouvelle, qu'ils n'approfondirent
point autrement, leur donne de la com-

passion pour leurs compagnons. Ils témoignent leur indignation par leur murmure. Hippocrate et Epicyde, qui étaient déja connus de ces troupes, se présentent à elles précisément dans ce moment de trouble et de tumulte, et prennent le parti de se mettre sous leur protection, n'ayant point d'autre ressource. Ils sont reçus avec joie et applaudissement. Le bruit se porte jusqu'à la queue de l'armée, où étaient les commandans Dinomène et Sosis. Ceux-ci apprennant la cause du tumulte, accourent; blâment les soldats d'avoir reçu au milieu d'eux Hippocrate et Epicyde, ennemis de la patrie, et ordonnent qu'on les arrête et qu'on les lie. Les soldats s'y opposent avec de grandes menaces. Ces deux généraux envoient à Syracuse pour informer le sénat de ce qui se passe.

Cependant l'armée s'avance vers Mégare, et rencontre sur sa route un homme aposté par Hippocrate, et chargé d'une lettre qui paraissait être écrite par les magistrats de Syracuse à Marcellus. Ils le louaient du carnage qu'il avait fait à Léonce, et l'exhortaient à faire le même traitement à tous les soldats mercenaires, pour rendre enfin la liberté à Syracuse. La lecture de cette lettre supposée soulève les mercenaires, dont ce corps était presque entièrement composé. Ils veulent se jeter sur le peu de Syracusains qui s'y trouvent. Hippocrate et Epicyde empêchent cette violence, non par un sentiment de miséricorde ou d'humanité, mais pour ne pas perdre entièrement l'espérance qu'ils avaient de rentrer dans Syracuse. Ils y envoient un homme qu'ils avaient gagné, qui y raconte le pillage de Léonce, conformément à leur premier récit. Ces bruits sont écoutés favorablement de la multitude, qui s'écrie qu'il faut fermer les portes aux Romains. Hippocrate et Epicyde arrivent cependant auprès de la ville, dans laquelle ils entrent moitié par force, moitié par les intelligences qu'ils y avaient. Ils tuent les magistrats, et s'emparent de la ville. Le lendemain les esclaves sont affranchis, les prisonniers délivrés, et dans une assemblée tumultuaire Hippocrate et Epicyde mis dans les premières places. Syracuse ainsi, après un court rayon de liberté, retomba dans son ancienne servitude.

§ VIII. Les choses étant en cet état Mar-

céllus crut devoir quitter le pays des Léontins pour s'avancer vers Syracuse. Lorsqu'il
en fut assez proche, il envoya des députés
pour faire savoir aux habitans qu'il venait
pour rendre la liberté aux Syracusains, et
non pour leur faire la guerre. On ne leur
permit pas d'entrer dans la ville. Epicyde
et Hyppocrate allèrent au-devant d'eux; et,
ayant entendu leurs propositions, répondirent fièrement que, si les Romains songeaient à mettre le siège devant leur ville,
ils s'apercevraient bientôt qu'autre chose
était d'attaquer Syracuse, et d'attaquer
Léonce. Marcellus se détermina donc à
faire l'attaque de la ville par terre et par
mer : par terre, du côté de l'Hexapyle;
par mer, du côté de l'Achradine, dont
les murs sont baignés par les flots de la
mer.

Il laissa le commandement des troupes
de terre à Appius, et se réserva celui de la
flotte. Elle était composée de soixante galères à cinq rangs de rames, qui étaient
pleines d'hommes armés d'arcs, de frondes
et de dards, pour nettoyer les murailles Il
y en avait un grand nombre d'autres char-
gées de toutes sortes de machines propres à

l'attaque des places, dont la plus grande et la plus terrible était la sambuque, ainsi appelée à cause de sa ressemblance avec un instrument de musique peu connu qui portait ce nom. Cette machine était ce que nous appelons un pont-levis. Ce pont de la sambuque s'abattait étant soutenu avec des cordes, et servait aux assiégeans pour passer de leurs tours de bois sur les murs des assiégés.

Les Romains montant à l'assaut par deux endroits, la consternation régnait dans Syracuse, par la crainte où l'on était de ne pouvoir rien opposer à une si terrible puissance et à de si grands efforts. En effet, il aurait été impossible d'y résister, sans un seul homme, dont la merveilleuse industrie tint lieu de tout à Syracuse : c'était Archimède. Il avait pris soin de garnir les murs de tout ce qui étaient nécessaire pour une bonne défense. Dès qu'il eut commencé à faire jouer du côté de la terre ses machines, elles décochèrent contre l'infanterie toutes sortes de traits, et des pierres d'une pesanteur énorme, qui volaient avec tant de bruit, de raideur et de rapidité, que, rien ne pouvant soutenir ce choc, elles renversaient et écrasaient tous ceux qu'elles rencontaient, et jetaient dans tous les rangs un désordre horrible.

Du côté de la mer on voyait sur les murailles de grandes machines, qui avançant, et abaissant tout d'un coup sur les galères de grosses poutres d'où pendaient des antennes armées de crocs, les cramponnaient, et, les enlevant ensuite par la force du contre-poids, les lâchaient tout d'un coup, et les abîmaient; ou, après les avoir enlevées par la proue avec des mains de fer ou des becs de grue, et les avoir dressées sur la poupe, elles les plongeaient dans la mer; ou elles les ramenaient vers la terre avec des cordages et des crocs, et, après les avoir fait pirouetter long-temps, elles les brisaient et les fracassaient contre les pointes des rochers qui s'avançaient de dessous les murailles, et écrasaient ainsi tous ceux qui étaient dessus. A tout moment des galères enlevées et suspendues en l'air, tournoyant avec rapidité, présentaient un spectacle affreux; et, après que tous les hommes qui les montaient étaient dispersés par la violence du mouvement, et jetés

fort loin comme avec des frondes, elles allaient se briser contre les murailles, où, les
cordages et les chaînes venant à lâcher
prise, elles retombaient et s'abîmaient dans
la mer.

Quant à la machine que Marcellus faisait avancer, et qu'on appelait *sambuque*,
elle n'eut par une meilleure destinée.
Comme elle était encore assez loin des murailles, Archimède lâcha contre elle un gros
rocher de dix quintaux, après celui-là un
second, et un moment après un troisième,
qui, tous la heurtant avec un sifflement
et un tonnerre épouvantable, renversèrent
et brisèrent ses appuis, et donnèrent une
telle secousse aux galères qui la soutenaient, qu'elles se lâchèrent et se séparè-
rent.

Marcellus, presque rebuté et poussé à
bout, se retira avec ses galères le plus dili-
gemment qu'il lui fut possible, et envoya
donner ordre à ses troupes de terre d'en
faire autant. En même temps il assembla
un conseil de guerre, où il fut résolu que,
dès le lendemain avant la pointe du jour,
on tâcherait de s'approcher des murailles:
car les machines dont Archimède se ser-

vait ayant beaucoup de force et de portée, ils comptaient qu'elles enverraient
les pierres et les traits fort loin par-dessus
leurs têtes ; et que s'il en ajustait contre
eux dans cette petite distance, elles lui
deviendraient inutiles, parce que le peu
d'espace ne laisserait pas assez de force au
coup.

Mais Archimède avait pourvu à tout. Il
avait préparé de longue main des machines
qui portaient à toute sorte de distance quan-
tité de traits proportionnés, et des bouts de
poutres qui, étant fort courts, demandaient
moins de temps pour les ajuster; et on ti-
rait plus souvent. D'ailleurs il avait fait
aux murailles, fort près-à-près, des trous,
où il avait placé des scorpions*, qui n'ayant
pas beaucoup de portée, blessaient ceux
qui approchaient, et n'en étaient point
aperçus.

Quand les Romains eurent donc gagné
le pied des murailles, pensant y être bien
à couvert, ils se trouvèrent encore en butte
à une infinité de traits, ou accablés de

* Les scorpions étaient des machines, des es-
pèces d'arbalètes dont les Anciens se servaient
pour lancer des traits et des pierres.

3.

pierres qui tombaient d'en haut sur leurs
têtes, n'y ayant endroit de la muraille qui
ne fît pleuvoir incessamment sur eux une
grêle mortelle qui tombait à plomb. Cela
les obligea de se retirer en arrière. Mais
ils ne furent pas plus tôt éloignés, que
voilà de nouveaux traits lancées sur eux
dans leur retraite : de sorte qu'ils perdi-
rent beaucoup de monde, et que presque
toutes leurs galères furent froissées ou
fracassées, sans qu'ils pussent rendre le
moindre mal à leurs ennemis; car Archimède avait placé la plupart de ses machines à couvert derrière les murailles, de
manière que les Romains, accablés d'une
infinité de coups sans voir ni le lieu ni
la main d'où ils partaient, semblaient
proprement, dit Plutarque, combattre les
dieux.

Marcellus, quoique poussé à bout, et ne
sachant que faire contre ces machines
qu'Archimède lui opposait, ne laissait pas
d'en faire des plaisanteries. « Ne cesserons-
nous pas, disait-il à ses ouvriers et à ses in-
génieurs, de faire la guerre à ce Briarée de
géomètre, qui maltraite ainsi mes galères
et ma sambuque? il surpasse infiniment les

géans à cent mains dont nous parle la Fable tant il lance de traits tout d'un coup
contre nous. » Et, à la vérité tous les Syracusains n'étaient que comme le corps de
ces machines et de ces batteries d'Archimède;
et lui, il était seul l'ame qui faisait mouvoir
et agir tous ces ressorts : car toutes les autres armes demeuraient oisives; il n'y avait
que celles d'Archimède dont la ville se
servît alors, et pour la défense et pour
l'attaque.

Enfin, Marcellus voyant les Romains si
effrayés, que, s'ils apercevaient seulement
sur la muraille une petite corde ou la
moindre pièce de bois, ils prenaient
d'abord la fuite, criant qu'Archimède allait lâcher contre eux quelque effroyable
machine, il renonça à l'espérance de la
pouvoir prendre en y faisant brêche, cessa
toutes les attaques, et laissa achever ce
siège au temps et le changea en blocus.
L'unique ressource que les Romains crurent qui leur restait, fut de réduire par la
faim le peuple nombreux qui était dans la
ville, en coupant tous les vivres qui pouvaient leur venir, soit par terre, soit par
mer. Pendant huit mois qu'ils restèrent

devant la ville, il n'y eut sorte de stratagèmes que l'on n'inventât, ni d'action de valeur que l'on ne fît, à l'assaut près, que l'on n'osa plus jamais tenter ; tant un seul homme et une seule science ont de force dans quelques occasions, quand on sait les employer à propos. Otez de Syracuse un seul vieillard, la prise de la ville est immanquable, avec toutes les forces qu'ont les Romains ; et ce seul homme de plus fait qu'on n'ose pas même l'attaquer, au moins de la manière qu'Archimède pouvait empêcher.

On voit ici quel intérêt ont les princes de protéger les arts, de favoriser les gens de lettres, d'animer les académies des sciences par des distinctions d'honneur et par des récompenses solides, qui ne ruinent et n'appauvrissent jamais un état. Je mets ici à part la naissance et la noblesse d'Archimède ; ce n'est pas à elle qu'il était redevable de son heureux génie, ni de sa profonde science : je ne le regarde que comme un savant, comme un habile géomètre. Quelle perte eût-ce été pour Syracuse, si, pour épargner quelque dépense et quelque pension, on eût laissé un tel homme dans l'inaction et dans l'obscurité! Hiéron n'eut garde de se conduire de la sorte. Il connut tout le mérite de notre géomètre; et c'en est un grand pour les princes de reconnaître celui des autres. Il le mit en honneur, il en fit usage, et n'attendit pas pour cela que le besoin et la nécessité l'y forçassent; il aurait été alors trop tard. Par une sage prévoyance, vrai caractère d'un grand roi et d'un grand ministre, il prépara dans le sein même de la paix, tout ce qui était nécessaire pour soutenir un siège et pour faire la guerre avec succès, quoique alors il n'y eût aucune apparence qu'on dût rien craindre de la part des Romains, avec lesquels Syracuse était liée d'une amitié étroite. Aussi vit-on, dans un moment, sortir comme de terre une foule incroyable de machines de toute espèce et de toute grandeur, dont la vue seule était capable de jeter le trouble et l'épouvante dans les armées.

Il en est, parmi ces machines, dont on peut à peine concevoir l'effet, et dont on serait tenté de révoquer en doute la réalité s'il était permis de douter du témoignage d'écrivains tels, par exemple, que Polybe, auteur presque contemporain, et qui écrivait sur des mémoires tout récens et qui étaient entre les mains de tout le monde. Mais quel moyen de se refuser au consentement uniforme des historiens grecs et romains, amis et ennemis, sur des faits dont des armées entières furent témoins et sentirent les effets, et qui influèrent si fort dans les évènemens de la guerre ? Ce qui se pratiqua dans ce siège de Syracuse marque jusqu'où les Anciens avaient porté le génie et l'art de faire ou soutenir des sièges. Notre artillerie, qui imite si parfaitement le tonnerre, ne fait pas plus de d'effet que les machines d'Archimède, si même elle en fait autant.

On parle d'un miroir ardent, par le moyen duquel Archimède brûla une partie de la flotte romaine. L'invention serait rare. Nul auteur ancien n'en parle; c'est une tradition moderne, qui n'a nul fondement. Les miroirs ardens étaient connus dans l'antiquité, mais non de cette sorte, qui paraît même impraticable.

Après que Marcellus eut résolu de bloquer simplement Syracuse, il laissa Appius devant la place avec les deux tiers de l'armée ; et avec le reste il s'avança dans l'île, où il fit entrer quelques villes dans le parti des Romains.

Dans ce même temps, Imilcon, général des Carthaginois, arriva dans la Sicile avec une grande armée, dans l'espérance de reprendre cette province sur les Romains.

Hippocrate sortit de Syracuse avec une partie des troupes pour l'aller joindre, afin de faire la guerre de concert contre Marcellus. Épicyde resta dans la ville pour y commander pendant le siège.

Les flottes des deux peuples parurent en même temps sur les côtes de la Sicile; mais celle des Carthaginois, se voyant plus faible que l'autre, n'osa pas hasarder un combat, et reprit bientôt la route de Carthage.

Marcellus, après quelques légères expéditions, dans l'une desquelles il battit les troupes d'Hippocrate, retourna devant Syracuse; et, ayant fait partir pour Rome Appius, qui allait y demander le consulat, il mit en sa place Q. Crispinus.

[Av. J.-C. 212.] Au commencement de la campagne suivante, Marcellus, désespérant presque absolument de pouvoir pren-

dre Syracuse, soit par force, parce qu'Ar—
chimède lui opposait toujours des obstacles
invincibles, soit par famine, parce que la
flotte carthaginoise, qui était revenue plus
nombreuse qu'auparavant, y faisait entrer
librement des convois, fut sur le point d'a-
bandonner le siège et le blocus, pour tourner la guerre du côté d'Agrigente, contre
Imilcon et Hippocrate. Mais, avant que de
prendre ce parti, il voulut essayer s'il ne
pourrait point se rendre maître de Syracuse par quelque intelligence secrète. Il gagna d'abord un esclave, par le moyen duquel il fit entrer dans la conspiration jusqu'à quatre-vingts des principaux de la ville,
qui venaient par troupes le trouver dans
son camp, cachés dans des barques sous
des filets de pêcheurs. Le complot était près
de réussir, lorsqu'un certain Attale, de dépit de n'y avoir pas été admis, le découvrit à Épicyde, qui fit mourir tous les conjurés.

Cette entreprise échouée de la sorte jeta
Marcellus dans un nouvel embarras, ou
plutôt dans un nouveau désespoir. Rien ne
se présentait à son esprit, que la douleur
et la honte de lever un siège après y avoir

consumé tant de temps et fait de si grandes
pertes, tant d'hommes que de vaisseaux. Une
espèce de hasard lui offrit une nouvelle ressource, et fit renaître son espérance. Des
vaisseaux romains avaient pris un certain
Damippus, qu'Épicyde envoyait en ambassade à Philippe, roi de Macédoine. Les
Syracusains témoignèrent beaucoup de dé-
sir de le racheter, et Marcellus ne s'en éloi-
gna pas. On convint d'un endroit auprès
du port Trogile, pour y tenir les confé-
rences sur la rançon du prisonnier. Comme
on y alla plusieurs fois, un soldat romain
s'étant avisé de considérer de près le mur
avec attention, après en avoir compté les
pierres, avoir examiné à vue d'œil la mesure de chacune, et avoir supputé par esti-
mation la hauteur du mur, il le trouva
beaucoup plus bas qu'on ne le croyait, et
conclut qu'avec de médiocres échelles on
pouvait facilement monter dessus. Sans perdre de temps, il fit rapport de tout à Marcellus, qui ne négligea pas l'avis, et s'en assura par ses propres yeux. Ayant fait pré-
parer des échelles, il prit l'occasion d'une
fête qu'on célébrait à Syracuse en l'honneur de Diane, et pendant laquelle les ha-

bitans s'abandonnaient à la joie et à la bonne chère. A l'heure de la nuit où il conjectura que les Syracusains, après avoir beaucoup bu, commenceraient à s'endormir, il fit avancer doucement un corps de mille soldats d'élite vers le mur avec des échelles. Quand les premiers furent arrivés au haut sans bruit et sans tumulte, d'autres les suivirent, la hardiesse des premiers donnant du courage aux seconds. Les mille soldats, profitant du repos des ennemis, qui étaient ou ivres ou endormis, eurent bientôt escaladé le mur. Ayant enfoncé la porte de l'Hexapyle, les troupes s'emparèrent de la partie de la ville appelée *Épipole.*

Il ne s'agissait plus pour lors de tromper les ennemis, mais de les effrayer. Les Syracusains, éveillés par le bruit, commençaient à se troubler et à se mettre en mouvement. Marcellus fit sonner à la fois toutes les trompettes; ce qui jeta une telle épouvante et une si grande frayeur dans les cœurs, que tout le monde prenait la fuite, croyant qu'il ne restait pas un seul quartier de la ville qui ne fût au pouvoir de l'ennemi. Il restait pourtant la plus forte et la plus

belle partie, appelée Achradine, qui n'était
pas prise, parce qu'elle avait ses murailles
séparées du reste de la ville.

Marcellus, dès la pointe du jour, était
entré dans la ville neuve *, et dans le quartier appelé Tyque. Epicyde, ayant assemblé promptement quelques troupes qu'il
avait dans l'Ile qui joignait l'Achradine,
marcha contre Marcellus; mais le trouvant
plus fort et mieux accompagné qu'il n'a-
vait cru, après une légère escarmouche il
se renferma dans l'Achradine.

Tous les capitaines et les officiers qui
étaient autour de Marcellus le félicitaient
de ce grand bonheur. Pour lui, quand il
eut regardé de dessus la hauteur la beauté
et la grandeur de cette ville, on dit qu'il
versa quelques larmes, et s'attendrit sur
le triste sort qu'elle allait éprouver. Il rap-
pelait dans son esprit deux flottes puissan-
tes des Athéniens coulées à fond autrefois
devant cette ville, deux nombreuses armées taillées en pièces avec les deux illustres généraux qui les commandaient; tant de

* La Ville-Neuve, ou Néapolis, était Épipole,
qui, dans les derniers temps, avait été comprise
dans la ville, et environnée de murailles.

guerres soutenues avec tant de variété d'é-
vènemens contre les Carthaginois ; tant de
tyrans fameux et de puissans rois ; Hiéron
sur tout, dont la mémoire était encore
récente, qui s'était signalé par tant de vertus royales, et encore plus par les services
importans qu'il avait rendus au peuple romain, dont les intérêts lui avaient toujours
été aussi chers que les siens. Touché par
ce souvenir, il crut, avant que d'attaquer
l'Achradine, devoir envoyer vers les assiégés, pour les exhorter à se rendre vo-
lontairement, et à prévenir la ruine de
leur ville. Ses remontrances et ses exhor-
tations furent inutiles.

Alors, pour ne point être inquiété par
ses derrières, il attaqua un fort, nommé
Euryèle, qui était au bout de la ville neuve,
et qui commandait toute la campagne du
côté de la terre. Après l'avoir emporté et
y avoir mis une bonne garnison, il tourna
tous ses efforts contre l'Achradine.

Sur ces entrefaites arrivent Hippocrate
et Imilcon. Le premier avec des Siciliens,
ayant placé et fortifié son camp près du
grand port, et donné le signal à ceux qui
occupaient l'Achradine, attaque le vieux

camp des Romains où commandait Crispinus; et Epicyde fait en même temps une
sortie sur les postes de Marcellus. Aucune
de ces deux entreprises ne réussit. Hippocrate fut vigoureusement repoussé par
Crispinus, qui le suivit jusque dans ses
retranchemens; et Marcellus obligea Epicyde à se renfermer dans l'Achradine.

Comme on était alors en automne, il
survint une peste, qui fit de grands ravages dans la ville, et encore plus dans les
camps des Romains et des Carthaginois.
D'abord le mal était médiocre, et n'était
causé que par la grande chaleur de la saison, et la nature du lieu, mal sain par lui-
même : puis il se communiqua bientôt par
le commerce, et par le soin qu'on prenait
de ceux qui en étaient attaqués ; de sorte
que les malades ou mouraient abandonnés
et sans assistance, ou entraînaient avec
eux ceux qui s'en approchaient pour leur
rendre quelque service. On n'entendait de
tous côtés jour et nuit que des pleurs et
des gémissemens. Enfin l'accoutumance du
mal avait tellement endurci les esprits et
étouffé tout sentiment de compassion, que
non-seulement on ne pleurait plus les

morts, mais qu'on les laissait sans sépulture. Ce n'était partout que cadavres exposés à la vue des malades, qui attendaient un pareil sort. Les Carthaginois en souffrirent beaucoup plus que les autres. Comme ils n'avaient point de retraite, ils périrent presque tous avec leurs chefs Hippocrate et Imilcon. Marcellus, dès le commencement de la maladie, avait fait passer ses soldats dans la ville, où les toits et l'ombre les soulagèrent beaucoup : il ne laissa pas néanmoins d'en perdre un assez grand nombre.

Cependant Bomilcar, commandant de la flotte carthaginoise, qui avait fait un second voyage à Carthage pour en amener un nouveau secours, revint avec cent trente navires et sept cents vaisseaux de charge. Les vents contraires l'empêchèrent de doubler le cap Pachyne. Epicyde, qui craignait que, si ces vents continuaient, cette flotte rebutée ne s'en retournât en Afrique, laisse l'Achradine aux généraux des troupes mercenaires, va trouver Bomilcar, et lui persuade de tenter la fortune d'un combat naval dès que le temps le permettra. Marcellus, voyant que les troupes des Siciliens grossissaient tous les jours, et que, s'il attendait, et qu'il se laissât enfermer dans Syracuse, il serait fort pressé en même temps et du côté de la terre et du côté de la mer, résolut, quoique plus faible en vaisseaux, de s'opposer au passage de la flotte carthaginoise. Dès que les vents furent tombés, Bomilcar prit le large pour mieux doubler le cap; mais, comme il vit les vaisseaux romains venir à lui en bel ordre, tout d'un coup, on ne sait pourquoi, il prit la fuite, envoya ordre aux vaisseaux de charge de regagner l'Afrique, et se retira à Tarente. Epicyde, déchu d'une si grande esperance, et n'osant rentrer dans une ville déja à moitié prise, fit voile vers Agrigente pour y attendre le succès du siège.

Quand ces nouvelles furent portées dans le camp des Siciliens, de concert avec les assiégés ils envoyèrent des députés à Marcellus. On convint aisément des conditions qui furent: Que tout ce qui avait appartenu aux rois serait cédé aux Romains; que le reste serait laissé aux Siciliens, avec l'usage de leurs lois et de leur liberté. Par les Siciliens on entendait tout ceux qui étaient

dans la ville que ceux qui se trouvaien
dehors. Car les députés étant entrés dan
l'Achradine, ils commencèrent par fair
tuer les généraux qu'Epicyde y avait lais-
sés. Puis, ayant convoqué l'assemblée dı
peuple, ils créèrent de nouveaux officiers
et on en députa quelques-uns à Marcellus;
Celui qui portait la parole lui représenta
que ce n'étaient point les Syracusains qui
avaient quitté le parti de Rome, mais Hiéronyme, qui leur avait fait beaucoup plus
de mal qu'aux Romains ; que tout ce qui
s'était passé depuis n'était point volon-
taire de leur part, mais forcé ; qu'au premier moment qu'ils avaient pu disposer
d'eux-mêmes, ils venaient lui livrer leurs
armes, leurs murailles et leurs personnes,
et remettre entièrement leur sort entre leurs
mains. « Au reste, dit-il à Marcellus, il
s'agit ici autant de votre intérêt que du
nôtre. Les dieux vous ont accordé la gloire
d'avoir pris la plus belle et la plus illustre
ville qui soit parmi les Grecs. Tout ce que
nous avons jamais fait de mémorable, soit
par terre, soit par mer, accroît votre
triomphe et en relève le prix. La réputation n'est pas un garant assez fidèle pour

faire connaître la grandeur et la force de la ville que vous avez prise; la postérité n'en pourra bien juger que par ses yeux mêmes. Il faut qu'à tous ceux qui aborderont ici, de quelque côté de l'univers qu'ils viennent, on montre, tantôt les trophées que nous avons remportés sur les Athéniens et les Carthaginois, tantôt ceux que vous avez remportés sur nous; et que Syracuse, mise pour toujours sous la protection de Marcellus, soit un monument perpétuel et subsistant du courage et de la clémence de celui qui l'aura prise et conservée. Il ne serait pas juste que le souvenir d'Hiéronyme fît plus d'impression sur vos esprits que celui d'Hiéron. Celui-ci a été votre ami bien plus long-temps que l'autre votre ennemi. Vous avez ressenti, qu'il me soit permis de le dire, les effets de l'amitié d'Hiéron; mais les folles entreprises d'Hiéronyme ne sont retombées que sur lui. »

Marcellus ne pouvait pas ne se point rendre à des propositions si avantageuses. Les Syracusains trouvaient toute sorte de facilité et de sûreté de la part des Romains : ils avaient plus à craindre d'eux-mêmes.

Les déserteurs qui étaient dans la citadelle ,
craignant d'être livrés aux Romains , atti-
rent dans leur parti les troupes auxiliaires,
à qui ils font craindre le même sort, prennent les armes , égorgent les nouveaux magistrats , font main-basse sur tous les Syracusains qu'ils rencontrent , pillent tout ce
qui se trouve devant eux , et créent six
officiers , trois pour commander dans l'A-
chradine , et trois dans l'Ile.

Parmi les trois qui commandaient dans
l'Ile , il y avait un Espagnol nommé Méric:
on trouva le moyen de le gagner. Il livra
de nuit la porte qui était près de la fontaine
d'Aréthuse, et reçut les soldats que Marcellus y envoya. Le lendemain , au point
du jour , Marcellus fit une fausse attaque
à l'Achradine , pour attirer de ce côté-là
toutes les forces de la citadelle et de l'Ile
qui y était jointe, et afin de faciliter à
quelques vaisseaux qu'il avait préparés le
moyen de jeter des troupes dans l'Ile, qui
serait dégarnie. Tout réussit comme il
l'avait projeté: les soldats que ces vaisseaux
jetèrent dans l'Ile , trouvant les postes
presque tous dégarnis , et les portes , par
lesquelles étaient sortis les soldats de la ci-

tadelle pour aller contre Marcellus, encore
ouvertes, s'en emparèrent après un léger
combat. Marcellus, averti qu'il était maître
de l'Ile et d'un quartier de l'Achradine, et
que Méric, avec le corps qu'il commandait, s'était joint à ses troupes, fait sonner
la retraite, afin que les richesses des rois,
qui ne montaient pas si haut qu'on le pensait, ne fussent point pillées.

Les déserteurs s'étant échappés (et on
leur avait laissé exprès la sortie libre), les
Syracusains ouvrirent à Marcellus toutes
les portes de l'Achardine, et lui envoyèrent
des députés, qui avaient ordre de ne lui
demander autre chose, sinon qu'il lui plût
de leur conserver la vie à eux et à leurs
enfans. Marcellus, ayant appelé son conseil et quelques Syracusains qui étaient
dans son camp, répondit à ces députés,
en leur présence, qu'Hiéron, pendant
cinquante ans, n'avait pas fait plus de bien
au peuple romain, que ceux qui depuis
quelques années étaient maîtres de Syracuse n'avaient voulu lui faire de mal: mais
que leur mauvaise volonté était retombée
sur eux, et qu'ils s'étaient punis eux-mêmes du violement des traités d'une ma-

nière plus cruelle que n'auraient souhaité les Romains : qu'il tenait Syracuse assiégée depuis trois ans , non afin que le peuple romain la réduisît en esclavage , mais pour empêcher que des chefs de transfuges ne la tinssent dans l'oppression ; qu'il avait essuyé beaucoup de fatigues et de dangers pendant un si long siège , mais qu'il s'en croyait avantageusement dédommagé par la gloire d'avoir pris cette ville , et par le plaisir de l'avoir sauvée de la ruine entière qu'elle semblait mériter. Après avoir mis des gardes au trésor , et placé aussi des sauvegardes dans les maisons des Syracusains qui s'étaient retirés dans son camp , il abandonna le ville au pillage. On prétend que les richesses qui furent pillées à ce sac de Syracuse surpassèrent celles qu'on eût pu espérer de la prise de Carthage.

Un funeste accident troubla la joie de Marcellus, et lui causa une sensible douleur. Archimède, dans le temps que tout était en mouvement à Syracuse, enfermé dans son cabinet comme un homme d'un autre monde qui ne prend point de part à ce qui se passe dans celui-ci, était appliqué à considérer quelque figure de géométrie ; et il donnait à cette contemplation, non-seulement tous ses yeux, mais encore tout son esprit, de manière qu'il n'avait entendu ni le tumulte des Romains, qui couraient partout, ni le bruit de la ville prise. Tout d'un coup un soldat se présente à lui, et lui ordonne de le suivre pour venir parler à Marcellus. Archimède le prie d'attendre un moment, jusqu'à ce que son problème fût résolu, et qu'il en eût fait la démonstration. Le soldat, qui ne se souciait ni de son problème ni de sa démonstration, irrité de ce délai, tire son épée, et le tue. Marcellus fut vivement affligé quand il apprit la nouvelle de sa mort. Ne pouvant lui rendre la vie comme il l'aurait souhaité, il s'appliqua, autant qu'il fut en lui, à honorer sa mémoire. Il fit une recherche exacte de tous ses parens, les traita avec distinction, et leur accorda des priviléges particuliers. Pour Archimède, il fit célébrer ses funérailles avec soin, et lui érigea un monument parmi ceux des grands hommes qui s'étaient le plus distingués à Syracuse.

Archimède, par son testament, avait prié ses parens et ses amis de mettre, après sa

mort, sur son tombeau, pour toute épi-
taphe, un cylindre circonscrit à une sphère.
c'est-à-dire à un globe, à une figure sphé-
rique, et de marquer au bas le rapport
qu'ont entr'eux ces deux solides, le conte-
nant et le contenu. Il aurait pu remplir
les bases de la colonne de son tombeau
de bas-reliefs, où toute l'histoire du siège
de Syracuse aurait été sculpée, et où il aurait paru comme un Jupiter foudroyant les
Romains. Mais il estimait infiniment plus
une découverte, une démonstration géo-
métrique, que toutes les machines si célèbres
qu'il avait inventées. Aussi aima-t-il mieux
se faire honneur, auprès de la postérité, de
la découverte qu'il avait faite du rapport de
la sphère au cylindre de même base et de
même hauteur, qui est comme deux à trois.

Les Syracusains, si passionnés autrefois
pour les sciences, ne conservèrent pas long-
temps l'estime et la reconnaissance qu'ils
devaient à un homme qui avait fait tant
d'honneur à leur ville. Moins de cent quarante ans après, Archimède était déja si
parfaitement oublié de ses citoyens, malgré
les grands services qu'il leur avait rendus,
qu'ils niaient qu'il fût enterré à Syracuse.

C'est Cicéron qui nous apprend cette par-
ticularité.

Dans le temps qu'il était questeur en Sicile, la curiosité le porta à chercher le tombeau d'Archimède : curiosité digne d'un
homme d'esprit comme Cicéron, et qui mérite d'être imitée par ceux qui voyagent.
Les Syracusains lui soutenaient que sa recherche serait inutile, et qu'ils n'avaient
point chez eux ce monument. Leur igno-
rance fit pitié à Cicéron, et ne servit qu'à
allumer encore davantage le desir qu'il
avait de faire cette découverte. Enfin, après
plusieurs recherches, il aperçut, hors de la
porte de la ville qui regardait Acragas, parmi un grand nombre de tombeaux qui
étaient en cet endroit-là, une colonne presque entièrement couverte de ronces et d'é-
pines, et il y entrevit la figure d'une sphère
et d'un cylindre. Ceux qui ont quelque
goût pour les antiquités jugent aisément
quelle fut la joie de Cicéron. Il s'écria qu'il
avait trouvé ce qu'il cherchait. On fit nettoyer la place avec des faux, on s'ouvrit un
passage jusqu'à la colonne; et l'on y vit l'ins-
cription, qui paraissait encore, quoique la
moitié des lignes fût effacée par le temps.

Ainsi, dit Cicéron en terminant ce récit, l
plus grande ville de Grèce, et qui ancienne
ment avait été la plus florissante par l'étud
des lettres, n'eût pas connu le trésor qu'ell
possédait, si un homme né dans un pay
qu'elle regardait presque comme barbare
un Arpinate, n'eût été lui découvrir le tom
beau d'un de ses citoyens si distingué pa
la justesse et par la pénétration de son es
prit.

On est obligé à Cicéron de nous avoi
laissé cet élégant et curieux récit; mais o
ne lui pardonne pas aisément la manièr
méprisante dont il y parle d'abord d'Ar
chimède.

C'est au commencement, où, voulant op
poser à la vie malheureuse de Denys le ty
ran le bonheur d'une vie modérée et plein
de sagesse, il dit: « Je ne comparerai poin
la vie d'un Platon et d'un Architas, personnages consommés en doctrine et en sa
gesse, avec celle de Denys, la plus affreuse
la plus remplie de misère, et la plus détes
table que l'on puisse imaginer. J'aurai re
cours à un homme de la même ville que lui
UN HOMME OBSCUR, qui a vécu plusieurs an
nées après lui. Je le tirerai de sa poussière

et, le compas à la main, je le ferai paraître sur la scène. » Je ne parle point de la naissance d'Archimède : sa grandeur est d'un autre ordre. Mais le plus grand géomètre de l'antiquité, dont les sublimes découvertes ont été, dans tous les temps, l'objet de l'admiration des connaisseurs, devait-il être traité par Cicéron d'homme obcur et de néant, comme si c'était un simple ouvrier, employé à fabriquer des machines ; si ce n'est peut-être que, dans l'esprit des Romains, chez qui l'estime et le goût de la géométrie et de ces sciences spéculatives n'a jamais bien pénétré, on n'estimât rien de grand que ce qui a rapport au gouvernement des hommes et à la politique.

> Orabunt causas meliùs, cœlique meatus
> Describunt radio, et surgentia sidera dicent :
> Tu regere imperio populos, Romane, memento.

C'est la réflexion de M. L'abbé Fraguier dans la petite dissertation qu'il a laissée sur ce récit de Cicéron.

Après la prise de Syracuse par Marcellus, ce qui se passe dans la Sicile jusqu'à son entière réduction est peu mémorable. Il y eut encore quelques restes de guerre de la part des partisans de la tyrannie, et des Carthaginois qui en étaient les protecteurs : mais ces guerres n'eurent point de suites, et Rome sa trouva bientôt maîtresse absolue de toute l'île. La moitié de cette île était devenue province romaine depuis le traité qui termina la première guerre punique. Par ce traité la Sicile fut divisée en deux parts, dont l'une resta aux Romains, et l'autre était le royaume d'Hiéron; et cette partie, depuis que Syracuse se fut rendue, passa aussi dans leur domaine.

La Sicile, et surtout Syracuse, a fourni à l'histoire, dans tous les temps, d es évènemens fort remarquables et très dignes d'attention.

Ce fut du temps de Xerxès que Syracuse commença à se distinguer avec plus d'éclat qu'auparavant. La défaite des Carthaginois par Gélon lui mérita, de la part des Syracusains, la qualité de roi. Il en remplit parfaitement tous les devoirs pendant un assez long règne. Hiéron Ier, son frère, lui succéda. Ses commencemens furent fort sages et fort heureux : la fin n'y répondit pas. Thrasybule, le troisième de ses frères, les fit regretter par ses vices et par ses désordres. Les Syracusains, par son exil se rétablirent en liberté. Leur histoire est rapportée dans le tome II, liv. VII, chapitre II.

Les Syracusains jouirent de leur liberté pendant soixante ans à peu près. C'est dans ce temps qu'arriva le fameux siège de Syracuse par les Athéniens, où ils furent pleinement défaits.

Denys l'ancien s'établit tyran à Syracuse, et y régna pendant trente-huit ans. Denys le jeune, son fils, lui succéda, et régna d'abord douze ans de suite : puis, après une interruption de dix ans, il en régna encore deux ou trois. Leur histoire est écrite dans le livre XI.

Timoléon rétablit la liberté à Syracuse. Livre XI.

Les Syracusains n'en jouirent pas longtemps. Après quelques années de tranquilité, ils retombèrent entre les mains d'un nouveau tyran, non moins cruel que les précédens : c'est Agathocle. Ses entreprises et ses aventures sont rapportées dans le tome I, livre II.

Pyrrhus, appelé en Sicile pour la défendre contre les Carthaginois, se rend

maître de Syracuse, mais bientôt après
quitte la Sicile.

C'est après son départ qu'Hiéron II
commença à se faire connaître. Il fut d'a-
bord élevé à la première magistrature, et
bientôt après nommé roi. Syracuse pendant son règne, qui fut et de longue durée
et pacifique, se rétablit parfaitement :
mais son petit-fils Hiéronyme, qui ne régna pas un an entier, ruina tout à Syracuse. Sa mort fut suivie de près du siège et
de la prise de cette ville par Marcellus.
Depuis ce temps-là elle fut comprise,
comme le reste de la Sicile, dans la province romaine.

La Sicile aurait été heureuse d'être gouvernée par les Romains, si elle avait toujours
eu des magistrats tels que Cicéron, aussi
instruits que lui des obligations de la magistrature, et aussi attentifs à s'en acquitter.
Il est beau de l'entendre lui-même s'expli-
quer sur ce sujet. C'est en défendant la
Sicile contre Verrès.

Après avoir pris les dieux à témoin de
la sincérité des sentimens qu'il va exposer :
« Dans tous les emplois, dit-il, dont le
peuple romain m'a honoré jusqu'ici, j'ai

cru être engagé par les liens les plus sacrés de la religion à en remplir dignement
tous les devoirs. Lorsqu'on m'a fait questeur, j'ai regardé cette dignité, non comme
un présent dont on me gratifiait, mais
comme un dépôt que l'on confiait à ma vi-
gilance et à ma fidélité. Quand depuis on
m'a envoyé gérer la questure dans la Sicile,
je me suis imaginé que, tous les yeux
étant tournés sur moi, ma personne et ma
questure allaient être exposées sur un grand
théâtre à la vue de tous les peuples, à qui
j'étais donné en spectacle; et, dans cette
pensée, je me suis interdit non-seulement
les plaisirs criminels qu'entraînent les
grandes passions, mais ceux-mêmes qui
sont les plus légitimes et les plus nécessaires. On vient de me désigner édile. J'at-
teste les dieux que je sens tout le poids de
cette charge, et que, quelque honorable
qu'elle me paraisse, elle ne me cause pas
tant de joie et de plaisir que de soins et
d'inquiétudes, dans les desirs que j'ai de
faire connaître qu'elle n'a pas été donnée
au hasard ou par nécessité, mais confiée par
choix et avec discernement.

Il s'en faut bien que tous les gouverneufs romains fussent de ce caractère; et la Sicile, plus que tout autre province, éprouva, comme quelques lignes après, Cicéron le reproche à Verrès, qu'ils étaient presque tous comme autant de tyrans, qui ne se croyaient armés de faisceaux et de haches, et revêtus de l'autorité de l'empire romain, que pour exercer impunément dans dans la province un brigandage ouvert, et pour forcer toutes les barrières de la justice et de la pudeur; en sorte que personne ne pût mettre en sûreté contre leur violence ni ses biens, ni sa maison, ni sa vie, ni même son honneur. On verra dans la suite combien ces excès et ces violences rendirent l'empire romain odieux à tous les alliés et à toutes les provinces.

Syracuse, par tout ce que nous en avons vu, a dû nous paraître comme un théâtre où il s'est passé des scènes bien différentes, mais bien étranges; ou plutôt comme une mer quelquefois calme et tranquille, mais le plus souvent agitées par des vents et des orages toujours prêts à la bouleverser de fond en comble. Nous n'avons vu dans aucune autre république des révolutions si subites, si fréquentes, si violentes, si diversifiées. Maîtrisée dans un temps par les tyrans les plus cruels, gouvernée dans un autre par les rois les plus sages; tantôt livrée au caprice d'une populace sans joug et sans frein, tantôt docile et parfaitement soumise à l'autorité des lois et à l'empire de la raison, elle passe alternativement de l'esclavage le plus dur à la liberté la plus douce, d'une espèce de convulsion et de mouvemens frénétiques à une conduite sage, tranquille, modérée. Le lecteur se rappelle aisément dans la mémoire, d'un côté, les deux Denys père et fils, Agathocle, Hiéronyme, devenus par leur cruauté l'objet de la haine et de l'exécration publique; de l'autre, Gélon, Dion, Timoléon, les deux Hiéron, tant l'ancien que le nouveau, universellement chéris et respectés des peuples.

A quoi attribuer des extrémités si opposées et des alternatives si contraires? Je ne doute point que la légèreté et l'inconstance des Syracusains, qui était leur caractère dominant, n'y eût beaucoup de part : mais je suis persuadé que ce qui y contribuait le plus, était la forme même du gouvernement mêlé d'aristocratie et de démocratie,

c'est-à-dire partagé entre le sénat ou les
anciens, et le peuple. Comme il n'y avait
à Syracuse aucun contre-poids pour maintenir ces deux corps dans un juste équilibre,
quand l'autorité penchait un peu plus d'un
côté que d'un autre, le gouvernement se
tournait aussitôt ou en une tyrannie vio-
lente et cruelle, ou en une liberté effrénée,
sans mesure et sans règle. Alors la confusion subite de tous les ordres de l'état faci-
litait aux plus ambitieux des citoyens le
chemin au pouvoir souverain, que les uns,
pour captiver la bienveillance de leurs
concitoyens et leur adoucir le joug, exer-
çaient avec douceur et sagesse, avec équité,
avec des manières populaires; et que d'autres, nés moins vertueux, portaient aux
derniers excès du despotisme le plus absolu
et le plus cruel, sous prétexte de se maintenir dans leur usurpation contre les entreprises de leurs citoyens, lesquels, jaloux
de leur liberté, se permettaient toutes les
trahisons et tous les crimes pour la recouvrer.

D'autres raisons encore rendaient le
gouvernement de Syracuse difficile, et par-
là donnaient lieu aux fréquens change-

nens qui y arrivaient. Cette ville n'oubliait
point qu'elle avait remporté de signalées
victoires contre la redoutable puissance de
l'Afrique, et qu'elle avait porté ses conquêtes et la terreur de ses armes jusque
sous les remparts de Carthage; et cela,
non une seule fois, comme depuis contre
les Athéniens, mais pendant plusieurs
siècles. La haute idée de ses flottes et ses
troupes nombreuses lui donnaient de sa
puissance maritime fit que, du temps de
l'irruption des Perses dans la Grèce, elle
prétendit s'égaler à Athènes, ou partager
du moins avec elle l'empire de la mer.

D'ailleurs les richesses, suite naturelle
du commerce, avaient rendu les Syracusains fiers, hautains, impérieux, et en
même temps les avaient plongés dans la
mollesse, en leur inspirant du dégoût pour
toute fatigue et toute application. Ils se
livraient pour l'ordinaire aveuglément
à leurs orateurs, qui avaient pris sur
eux un pouvoir absolu. Il fallait, pour
obéir, qu'ils fussent ou flattés, ou gour-
mandés.

Ils avaient naturellement un fonds d'é-
quité, de bonté, de douceur, et cependant

entraînés par les discours séditieux des ha-
rangueurs, ils se portèrent aux dernières
violences et aux cruautés les plus excessi-
ves, dont ils se repentaient un moment
après.

Quand ils étaient abandonnés à eux-
mêmes, leur liberté, qui pour lors ne
connaissait plus de bornes, dégénérait
bientôt en caprice, en fougue, en violence,
je pourrais même dire en frénésie. Au contraire, quand on était venu à bout de les
réduire sous le joug, ils devenaient lâches,
timides, soumis, rampans jusqu'à la servi-
lité. Mais, comme cet état était violent,
et directement opposé au caractère et au
naturel de la nation grecque, née et nour-
rie dans la liberté, dont le sentiment n'é-
tait point éteint en eux, mais simplement
endormi, ils se réveillaient de temps en
temps de ce someil léthargique, rompaient
leurs chaînes, et s'en servaient, s'il est
permis de s'exprimer ainsi, pour tuer et
assommer ces maîtres injustes qui les
avaient mis aux fers.

Pour peu qu'on fasse d'attention sur
toute la suite de l'histoire des Syracusains, on voit aisément qu'ils n'étaient point

ıpables de porter ni une liberté entière ,
ı une entière servitude. Ainsi l'habileté et
. politique de ceux qui les gouvernaient
ınsistaient à faire prendre au peuple un
ıge milieu entre ces deux extrémités, en
araissant le laisser maître des resolutions,
: ne se réserver que le soin de lui en mon-
er l'utilité et de lui en faciliter l'exécu-
on. Et c'est à quoi réussirent merveilleu-
ıment les magistrats et les rois dont j'ai
arlé , sous le gouvernement desquels les
yracusains furent toujours tranquilles et
aisibles, obéissant au prince, et parfai-
ıment soumis aux lois. C'est ce qui me fait
ınclure que les troubles et les révolutions
e Syracuse arrivaient moins par la légè-
ıté du peuple que par la faute de ceux
ui le gouvernaient , à qui manquait l'art
e manier les esprits et de gagner les
œurs , qui est proprement la science des
ıis et de tous ceux qui commandent.

LIVRE DOUZIÈME.

SUITE DE L'HISTOIRE DES PERSES ET DES GRECS, DEPUIS LA PAIX D'ANTALCIDE JUSQU'A LA MORT D'ARTAXERXE-MNÉMON.

Ce livre renferme principalement l'histoire de deux chefs de Thèbes fort illustres, Épaminondas et Pélopidas : la mort d'Agésilas, roi de Sparte, et celle d'Artaxerxe-Mnémon, roi de Perse.

CHAPITRE Ier.

§ I. (Av. J.-C. 387.) La paix d'Antalcide, dont il a été parlé dans le chapitre III du livre IX, avait jeté parmi les villes grecques beaucoup de semences de mécontentement et de division. En exécution de ce traité, les Thébains avaient été contraints d'abandonner les villes de la Béotie pour les laisser jouir de leur liberté ; et les Corinthiens, de faire sortir leur garnison d'Argos, qui par-là devenait libre et endépenlante. Les Lacédémoniens, auteurs et exécuteurs de ce traité, voyaient par son moyen leur puissance extrêmement accrue, et ils travaillèrent encore à l'augmenter. Ils forcèrent ceux de Mantinée, contre qui ils prétendaient avoir eu plusieurs sujets de plainte dans la dernière guerre, d'abatre les murailles de leur ville, et de disperser leur habitation en quatre endroits différens, comme elle l'avait été autrefois.

Les deux rois de Sparte, Agésipolis et Agésilas, d'un caractère tout différent, pensaient aussi diversement sur l'état présent des affaires. Le premier, naturellement porté à la paix, et rigide observateur de la justice, voulait que Sparte, qui s'était déja beaucoup décriée par la paix d'Antalcide, laissât jouir de leur liberté les villes grecques, comme ce traité même le portait, et ne troublât point leur repos par un injuste desir d'étendre sa domination. L'autre, au contraire, inquiet, remuant, plein de grandes vues d'ambition et de conquêtes, ne respirait que la guerre.

(Av. J.—C. 383.) Dans le même temps, il arriva à Lacédémone des députés d'A-

6.

canthe et d'Apollonie, villes très considérables de la Macédoine; au sujet d'Olynthe, ville de Thrace, possédée par des
Grecs originaires de Chalcide, ville de
l'Eubée. Athènes, après les victoires de
Salamine et de Marathon, avait conquis
beaucoup de places vers la Thrace, et
dans la Thrace même. Ces villes secouèrent
le joug dès que Lacédémone, à la fin de la
guerre du Péloponèse, eut abattu la puissance d'Athènes. Olynthe était de ce nombre. Les députés d'Acanthe et d'Apollonie
représentèrent dans l'assemblée générale
des alliés qu'Olynthe, ville située dans leur
voisinage, se fortifiait extraordinairement
de jour en jour; qu'elle étendait de plus
en plus sa domination par de nouvelles
conquêtes; qu'elle forçait toutes les villes
des environs à se soumettre à elle, et
d'entrer dans ses vues; et qu'elle était
prête à conclure un traité d'alliance avec
les Athéniens et les Thébains. L'affaire
ayant été mise en délibération, il fut conclu d'un commun consentement qu'il fallait
déclarer la guerre aux Olynthiens. On
convint que les villes alliées fourniraient
dix mille hommes de troupes, avec la li-

berté, à celles qui le voudraient, d'y substituer de l'argent, sur le pied de trois
oboles, pour la paie journalière de chaque
fantassin, et quatre fois plus pour un cavalier. Pour ne point perdre de temps,
les Lacédémoniens firent partir sur-le-
champ leurs troupes sous la conduite d'Eudamidas, qui obtint des éphores que Phébidas, son frère, commanderait celles qui
devaient bientôt suivre et se joindre aux
siennes. Quand le premier fut arrivé dans
cette partie de la Macédoine, qui est aussi
appelée la Thrace, il mit des garnisons
dans les places qui eurent recours à lui;
s'empara de Potidée, ville alliée des Olynthiens, qui se rendit sans faire de défense,
et commença la guerre contre Olynthe,
mais lentement, comme il convenait à un
général qui n'avait pas encore réuni toutes
ses troupes.

(Av. J.-C. 382.) Phébidas se mit en
marche peu de temps après. Etant arrivé
près de Thèbes, il campa hors de la ville,
vers le Gymnase ou lieu public d'exercices.
Isménie et Léontide, tous deux alors polémarques, c'est-à-dire généraux d'armée et
les premiers magistrats de Thèbes, étaient

à la tête de deux factions opposées : le premier, qui avait attiré dans son parti Pélopidas, n'était point ami des Lacédémoniens, et n'en était point aimé non plus, parce qu'il se déclarait ouvertement pour le gouvernement populaire et pour la liberté; l'autre, au contraire, favorisait l'oligarchie, et était soutenu par les Lacédémoniens, qui l'aidaient de tout leur crédit. Je suis obligé d'entrer dans ce détail, parce que l'évènement qui va être rapporté, et qui en font la suite, donnera lieu à la guerre importante des Thébains contre les Lacédémoniens.

Les choses étant en cet état à Thèbes, Léontide alla trouver Phébidas, et lui proposa de s'emparer de la citadelle appelée Cadmée, d'en chasser ceux qui tenaient le parti d'Isménie, et de la mettre sous la puissance des Lacédémoniens. Il lui fit entendre qu'il n'y aurait rien de plus glorieux pour lui que de se rendre maître de Thèbes, pendant que son frère travaillait à soumettre Olynthe; que par-là même il faciliterait à son frère le moyen de réussir dans son entreprise; et que les Thébains, qui avaient défendu par un décret à leurs

citoyens de porter les armes contre Olynthe, ne manqueraient pas, dès qu'il serait
maître de la citadelle, de lui donner autant d'infanterie et de cavalerie qu'il vou-
drait pour aller fortifier Eudamidas.

Phébidas, qui avait beaucoup d'ambition et peu de tête, et qui ne cherchait qu'à
se signaler par quelque action d'éclat, sans
en examiner les suites ni les conséquences,
se laisse facilement persuader. Pendant que
les Thébains, tranquilles et en sûreté sous
la bonne foi du traité de paix conclu depuis
peu entre les Grecs, célébraient les fêtes
de Cérès, et ne s'attendaient à rien moins
qu'à un pareil acte d'hostilité, Phébidas,
conduit par Léontine, s'empare de la citadelle. Le sénat était actuellement assemblé. Léontine s'y rend. Il déclara qu'on
n'a rien à craindre de la part des Lacédémoniens qui viennent d'entrer dans la citadelle ; qu'ils ne sont ennemis que de ceux
qui veulent troubler la paix ; que, pour
lui, par le pouvoir que lui donne sa charge
de polémarque, de faire arrêter quiconque
cabale contre l'état, il va mettre en lieu de
sûreté Isménie, qui brouille et cherche à
faire la guerre. En effet, *sur-le-champ il

est enlevé et conduit à la citadelle. Ceux du parti d'Isménie, voyant leur chef arrêté, et craignant pour eux les dernières violences, sortent précipitamment de la ville, et se retirent à Athènes au nombre de plus de quatre cents. Ils sont aussitôt bannis par un décret public. Pélopidas était du nombre. Epaminondas demeure en repos à Thèbes, parce qu'on le méprisait comme un homme uniquement occupé de la philosophie et qui ne se mêlait point d'affaires, et aussi à cause de sa pauvreté, qui ne laissait rien à craindre de sa part. On nomme un nouveau polémarque à la place d'Isménie, et Léontine se transporte à Lacédémone.

La nouvelle de l'entreprise de Phébidas, qui, en pleine paix, s'était emparé par violence d'une citadelle sur laquelle il n'avait aucun droit, avait excité de grands murmures et de grandes plaintes; ceux surtout qui étaient opposés à Agésilas, qu'on soupçonnait d'être entré dans ce complot, demandaient par quels ordres Phébidas avait exécuté une si étrange perfidie. Agésilas, qui sentait bien que ces reproches criants tombaient sur lui, ne fit nulle difficulté de soutenir Phébidas, et de dire hautement et devant tout le monde : « qu'il fallait regarder l'action en elle-même, et voir si elle était utile ; que tout ce qui était expédient pour Lacédémone, il était permis et même commandé de le faire de son propre mouvement, sans attendre les ordres de personne. » Voilà les étranges principes qu'avançait un homme qui d'ailleurs soutenait hautement que la justice était la première de toutes les vertus, et que, sans elle, la valeur même, et toutes les plus grandes qualités, ne pouvaient être utiles. C'est lui qui répondit, lorsqu'en sa présence on faisait valoir extrêmement la grandeur du roi des Perses : Ce roi, que vous appelez grand, comment est-il plus grand que moi, à moins qu'il ne soit plus juste ? » Maxime véritablement noble et admirable, « qu'il faut rendre la justice pour règle du beau et du grand ; » mais maxime qu'il n'avait que dans la bouche, et qu'il démentait par ses actions, conformément au principe de la plupart des politiques, qui croient qu'un homme d'état doit toujours vanter la justice, mais qu'il ne doit perdre aucune occasion de la violer pour l'avantage de son pays.

Ecoutons maintenant la sentence que va prononcer l'auguste assemblée de Sparte, si renommée pour la sagesse de ses délibérations et l'équité de ses jugemens. L'affaire, mûrement pesée, les moyens discutés de part et d'autre et mis dans tout leur jour, le résultat de l'assemblée est que Phébidas sera privé du commandement, et condamné à une amende de cent mille drachmes, mais qu'on retiendra la citadelle, et qu'on y mettra bonne garnison. Quelle étrange perversité! s'écrie Polybe; quel renversement de toute règle et de toute raison! Punir le criminel, et approuver le crime! et non-seulement approuver le crime en passant et sans y prendre part, mais le ratifier du sceau de l'autorité publique, et le continuer, au nom de l'état, pour en recueillir le fruit! On n'en demeura pas là. Des commissaires nommés par toutes les villes alliées de Sparte se transportèrent dans la citadelle de Thèbes, y firent le procès à Isménie, et prononcèrent contre lui un arrêt de mort, qui sur-le-champ fut mis à exécution. Il est rare que des injustices si criantes demeurent impunies : en user de la sorte, ce n'est, dit encore Polybe, ni vouloir du bien à sa patrie, ni s'en vouloir à soi-même.

Téleutias, frère d'Agésilas, avait été substitué à la place de Plébidas, choisi d'abord pour conduire le reste des troupes des alliés vers Olynthe, et il s'y rendit en diligence. La ville était très forte, et munie de tout ce qui était nécessaire pour faire une bonne défense. On fit plusieurs sorties avec succès; il se donna plusieurs combats, dans l'un desquels Téleutias fut tué. L'année suivante le roi Agésipolis fut chargé du commandement des troupes. La campagne se passa en escarmouches de part et d'autre, sans qu'il y eut rien de décisif. Agésipolis mourut bientôt après de maladie ; Cléombrote, son frère lui succéda au trône, et régna neuf ans. On commençait pour lors la centième olympiade. (Av. J.-C. 380.) Sparte fit de nouveaux efforts pour terminer la guerre contre les Olynthiens. Polybidas, qui en fut chargé, poussa vivement le siège; et, comme ils manquaient de vivres, ils furent enfin obligés de se rendre. Lacédémone les reçut pour alliés.

§ II. Jamais, ce semble, la fortune des Lacédémoniens n'avait été plus brillante, ni leur domination plus fortement établie. Tout leur était soumis dans la Grèce, soit par force, soit par amitié. Ils tenaient dans leurs mains Thèbes, ville fort puissante, et par elle toute la Béotie. Ils avaient trouvé le moyen d'humilier Argos, et de la tenir dans la dépendance. Corinthe leur était entièrement dévouée, et suivait en tout leurs ordres. Les Athéniens, abandonnés de leurs alliés, et réduits presque à eux seuls, n'étaient pas en état de leur tenir tête. Si quelque ville ou quelque peuple allié avait tenté de se soustraire à leur empire, une prompte punition les avait obligés de rentrer dans le devoir, et avait effrayé tous les autres. Ainsi maîtres et par terre et sur mer, tout tremblait devant eux ; et les princes les plus puissans, tels que le roi de Perse et le tyran de Syracuse, briguaient à l'envi leur alliance et leur amitié.

Une prospérité qui n'est fondée que sur l'injustice ne peut pas être de longue durée. Les coups qui vont abattre la puissance de Sparte partiront de l'endroit même où elle

avait exercé les plus injustes violences, et
d'où il semble qu'elle n'avait rien à craindre,
c'est-à-dire de Thèbes. Deux illustres citoyens de cette ville paraîtront dans la
suite avec éclat sur le théâtre de la Grèce,
et méritent par cette raison d'être connus
par avance.

Je parle de Pélopidas et d'Epaminondas.
Tous deux étaient des premières familles
de Thèbes. Pélopidas, nourri dans une
grande opulence, et devenu, encore jeune,
seul héritier d'une maison très riche et
très florissante, employait dès-lors son
bien à secourir ceux qui en avaient besoin
et qui en étaient dignes, montrant, par ce
sage emploi de ses richesses, qu'il en était
véritablement le maître, et non l'esclave;
car selon la remarque d'Aristote rapportée
par Plutarque, la plupart des hommes ou
n'usent pas de leur bien par avarice ou en
abusent par de mauvaises et folles dépenses. Pour Epaminondas, la pauvreté était
son partage et faisait son honneur, on
pourrait presque dire sa joie et ses délices.
Il était né de parens pauvres, et par con-
séquent avait été familiarisé dès son enfance
avec la pauvreté. Il se la rendit encore plus

douce et plus aisé par le goût qu'il eut pou
la philosophie. Pélopidas, qui aidait u
grand nombre de citoyens, n'ayant ja
mais pu l'engager à accepter ses offre
et à faire usage de ses richesses, prit par
lui-même à la pauvreté de son ami e
l'imitant, et devint le modèle aussi-bie
que l'admiration de la ville, par la mo
destie dans ses habits et la frugalité dans s
table.

Si Epaminondas était pauvre du côté de
biens de la fortune, en récompense il étai
richement partagé de ceux de l'esprit et d
cœur, modeste, prudent, grave, habile
profiter des conjectures favorables; possé
dant dans un souverain degré la science de l
guerre, également homme de main et d
tête; facile et complaisant dans le commerc
de la vie; souffrant, avec une patience in
croyable, les mauvais traitemens du peupl
et même de ses amis; joignant à l'ardeu
pour les exercices militaires un goût mer
veilleux pour l'étude et pour les science
il se piquait surtout de vérité et de sincé
rité, jusque-là qu'il se faisait un scrupul
de mentir, même par jeu et par diverti
sement.

Ils avaient tous deux un égal penchant pour la vertu; mais Pélopidas prenait plus de plaisir aux exercices du corps, et Epaminondas à la culture de l'esprit. C'est pourquoi ils employaient tout leur loisir, l'un à la palestre et à la chasse, et l'autre à la conversation et à l'étude de la philosophie.

Mais ce que les gens de sens et de bon esprit doivent le plus admirer en eux, et ce qui se trouve le plus rarement dans les personnes de leur rang, c'est cette parfaite union, et cette amitié constante qui subsista toujours entre eux pendant tout le temps qu'ils furent employés ensemble au maniement des affaires publiques, soit en paix, soit en guerre. Qu'on examine l'administration d'Aristide et de Thémistocle, celle de Cimon, et de Périclès, celle de Nicias et d'Alcibiade, on remarquera qu'elles ont été pleines de troubles, de dissensions, de disputes. Les deux amis dont nous parlons occupaient les premières charges de l'état; toutes les grandes affaires passaient par leurs mains; tout était confié à leurs soins et à leur autorité. Dans des conjectures si délicates, que d'occa-

sions, pour l'ordinaire, de pique et d
jalousie! Jamais, ni la différence de sen
timens, ni la diversité d'intérêts, ni le plu
léger mouvement d'envie n'altérèrent leur
union et leur bonne intelligence; c'es
qu'elle était fondée sur un principe inal-
térable, c'est-à-dire sur la vertu, qui leur
faisait chercher dans toutes leurs actions,
dit Plutarque, non la gloire ni les richesses, source funeste de querelles et de di-
visions, mais le seul bien public, et qui
leur faisait desirer, non d'avancer leur famille ou d'illustrer leur maison, mais de
rendre leur patrie plus puissante et plus
florissante. Voilà les deux grands hommes
qui vont paraître sur la scène, et qui vont
donner le branle aux grands évènemens
qui changeront la face des affaires de la
Grèce.

(Av. J.-C. 378.) Léontide, ayant appris
que les bannis s'étaient retirés à Athènes,
et qu'ils y étaient bien traités du peuple et
honorés de tous les honnêtes gens, leur
dressa secrètement des embûches par le
moyen de quelques hommes inconnus qu'il
y envoya pour assassiner les plus considérables d'entre eux. Androclide seul fut tué,

et Léontide manqua son coup sur tous les autres.

En même temps les Athéniens reçurent des lettres de Sparte, qui leur défendaient de recevoir les bannis, ou de leur prêter secours, et qui leur ordonnaient de les chasser comme gens déclarés ennemis communs de la Grèce par tous les alliés. L'humanité, vertu propre et naturelle aux Athéniens, leur fit rejeter avec horreur une si infâme proposition. Ils furent ravis de trouver une occasion de témoigner leur reconnaissance aux Thébains en leur rendant la pareille. Car c'étaient les Thébains qui avaient le plus contribué à rétablir à Athènes le gouvernement populaire, s'é- ant déclarés en leur faveur par un décret public, malgré les défenses de Sparte; et c'était de Thèbes qu'était parti Thrasybule pour délivrer Athènes de la tyrannie des Trente.

Pélopidas, quoique alors fort jeune en- core, alla trouver tous les bannis l'un après l'autre; Mélon était l'un des plus considé- rables d'entre eux. Les ayant tous assem- blés, il leur représenta : « Qu'il n'était ni éant, ni juste que, contens d'avoir sauvé

leur vie, ils regardassent d'un œil tran
quille leur patrie captive et prisonnière
que, quelque bonne volonté que leur té
moignât le peuple d'Athènes, il ne falla
pas faire dépendre leur sort de ses décrets
que sa propre inconstance ou la malignit
des orateurs, qui le tournaient à leur gré
pouvaient en peu de temps faire changer
qu'il fallait tout hasarder à l'exemple d
Thrasybule, et se proposer pour modèle so
courage intrépide et sa généreuse hardiesse
afin que, comme Thrasybule, parti de Thè
bes, était allé heurter et briser les tyran
d'Athènes, eux de même, partis d'Athènes
allassent rendre à Thèbes sa premièr
liberté. »

Ce discours fit sur l'esprit des banni
toute l'impression qu'on en devait atten
dre. Ils envoyèrent secrètement à Thèbes
apprendre à ceux de leurs amis qui y étaient
restés ce qu'ils avaient résolu. Ces amis
approuvèrent extrêmement leur dessein.
Charon, qui étaient un des principaux de la
ville, promit sa maison pour y recevoir les
conjurés. Philidas trouva le moyen de se
faire greffier d'Archias et de Philippe, qui
étaient polémarques, c'est-à-dire les pre-

niers magistrats de la ville. Pour Epaminondas, il y avait déja du temps qu'il s'ap-
pliquait, en particulier, à inspirer, par ses
discours, aux jeunes Thébains un vif desir
de secouer le joug de Sparte. Il n'ignorait
rien de tout ce qui se tramait : mais il ne
crut pas y devoir prendre aucune part ,
ayant peine, disait-il, à tremper ses mains
dans le sang de ses concitoyens ; prévoyant
qu'on ne se tiendrait pas dans les justes
bornes de cette entreprise légitime en elle-
même, et que les tyrans ne périraient pas
seuls ; et persuadé d'ailleurs qu'un citoyen
qui paraîtrait n'avoir point pris le parti
serait en état de faire plus d'impression
sur l'esprit du peuple.

Le jour pour l'exécution du projet étant
pris , les bannis trouvèrent à propos que
Phérénice, après avoir assemblé tous les
conjurés, s'arrêtât au bourg de Thriasie ,
qui n'était pas fort loin de Thèbes , et
qu'un petit nombre des plus jeunes se
hasardât à entrer dans la ville. Douze des
premiers maisons de Thèbes, tous liés
ensemble d'une étroite et fidèle amitié ,
mais rivaux de gloire et d'honneur, s'of-
frent pour cette hardie entreprise : Pélo-

pidas était de ce nombre. Après avoir embrassé leurs compagnous, et avoir envoyé un courrier à Charon pour l'avertir de leur départ, ils se mettent en marche, vêtus de simples vestes, menant avec eux des chiens de chasse, et tenant à la main des pieux à soutenir des rets, afin que ceux qui les rencontreraient en chemin ne se doutassent de rien, et qu'ils les prissent seulement pour des chasseurs que la chasse avait égarés.

Leur courrier étant arrivé à Thèbes, et ayant appris à Charon qu'ils étaient en chemin, l'approche du danger ne lui fit point changer de sentiment : comme il était plein de courage et d'honneur, il prépara sa maison pour les recevoir.

Un des conjurés, qui n'était pas un méchant homme, qui même aimait sa patrie, et qui de tout son cœur aurait voulu servir les bannis, mais qui n'avait ni l'audace ni la fermeté nécesssires pour une telle entreprise, occupé uniquement des difficultés et des obstacles qui se présentent en foule à son esprit, et troublé à la vue des dangers, se retire dans sa maison sans rien dire, et dépêche un de ses amis à Mélon et à Pélopidas pour les prier de différer leur en-

eprise , et de s'en retourner à Athènes
our y attendre un temps plus favorable.
eureusement cet ami, n'ayant point trou-
é la bride de son cheval, et ayant perdu
eaucoup de temps à quereller contre sa
mme, ne put partir.

Pélopidas et ceux de sa bande, ayant pris
es habits de paysan, et s'étant partagés ,
trent sur le déclin du jour par differentes
rtes dans la ville. Comme on était alors
commencement de l'hiver, il régnait un
tit vent de bise, et il tombait de la neige;
qui contribua à les mieux cacher , cha-
n étant retiré dans sa maison à cause du
id, qui leur donnait à eux-mêmes le pré-
te de se couvrir le visage. Ceux qui
ient de la confidence reçurent les bannis,
les menèrent tous d'abord chez Charon ,
ils se trouvèrent, bannis ou autres , au
mbre de quarante-huit.

Il y avait déja quelque temps que Phili—
s , greffier des béotarques *, qui était
complot, avait promis à Archias et à sa

* Les magistrats et généraux qui étaient char-
à Thèbes du gouvernement s'appelait béotar-
s, c'est-à-dire commandans ou gouverneurs
la Béotie.

compagnie de leur donner à souper ce jour
là même, de leur faire grande chère, et d
leur faire venir les plus belles femmes d
la ville. Tous les conviés s'étant rendus
l'heure marquée, on se met à table. I
étaient déja en pointe de vin, et bien pré
d'être ivres, lorsqu'il se répand, on ne sa
par quelle voie, un bruit sourd que le
bannis étaient dans la ville. Philidas, sar
marquer un air embarrassé, fait tous se
efforts pour détourner la conversation
mais Archias envoie un de ses officiers
Charon lui donner ordre de venir le trou
ver sur l'heure. Il était déja tard. Pélopi
das et les conjurés se préparaient à partir
et avaient pris leurs cuirasses et leurs épée
Tout à coup on entend frapper à la porte
Quelqu'un y va; et, ayant appris de l'off
cier qu'il venait de la part des magistra
qui demandait Charon, il va, tout ho
de lui-même, lui annoncer ce terrible o
dre. Tous conclurent que la conjuratie
était découverte, et se crurent perdus avai
que d'avoir pu exécuter aucun exploit di
gne de leur courage. Néanmoins ils furei
tous d'avis que Charon obéît au commai
dement, et qu'il se présentât aux magis

trats avec assurance, comme n'ayant rien à craindre, et ne se sentant coupable de rien.

Charon était un homme ferme et intrépide dans les dangers qui ne menaçaient que sa personne; mais alors, effrayé du danger de ses amis, et craignant aussi qu'on ne le soupçonnât de quelque trahison, si tant de braves citoyens qu'il avait reçus dans sa maison venaient à périr, il va dans l'appartement de sa femme, prend son fils unique, âgé tout au plus de quinze ans, et qui surpassait en beauté et en force tous les jeunes gens de son âge, le remet entre les mains de Pélopidas, et lui dit : « Si vous venez à découvrir que je vous aie trahis, et que j'aie usé à votre égard de mauvaise foi, traité en ennemi ce fils unique que je vous abandonne, quelque cher qu'il me soit, et vengez-vous sur lui de la perfidie du père sans en avoir aucune pitié. »

Ce discours les perça jusqu'au cœur : mais ce qui leur causait la douleur la plus vive, était qu'il pût croire que parmi eux il y eût quelqu'un assez lâche et assez ingrat pour former contre lui le plus léger soupçon. Ils le conjurèrent unanimement de ne pas laisser son fils parmi eux, mais de le mettre en lieu de sûreté, afin de conserver à ses amis et à sa ville un vengeur s'il était assez heureux pour échapper aux tyrans. « Non, répliqua le père, il demeurera avec vous, et n'aura point d'autre sort que le vôtre. Eh ! s'il a à périr, quelle plus belle fin peut-il faire que de périr avec son père et les meilleurs de ses amis ? Pour vous, mon cher enfant, vous élevant au-dessus de votre âge, montrez un courage digne de vous et de moi. Vous voyez ici l'élite de nos citoyens. Faites sous de tels maîtres un noble apprentissage de gloire ; et apprenez à combattre, et, s'il le faut, à mourir comme eux pour la liberté. Au reste, je ne suis point sans espérance, et je compte que la justice de notre cause attirera sur nous les regards et la protection des dieux. » En même temps il leur adresse sa prière, embrasse tous les conjurés l'un après l'autre, et sort.

En chemin il travaille à se remettre, et à composer son visage et sa voix pour ne point faire paraître de trouble. Quand il fut à la porte de la maison du festin, Archias et Philidas viennent au-devant de lui, et lui demandent ce que veut dire un bruit qui se répand qu'il est arrivé dans la ville des gens malintentionnés, qui sont cachés dans quelque maison. Il fait l'étonné; et, jugeant par les réponses qu'ils faisaient à ses questions qu'on ne savait rien de précis, il prend un ton plus ferme, et leur dit : « Il y a bien de l'apparence que ces bruits dont vous me parlez ne sont qu'une fausse alarme qu'on aura voulu vous donner pour troubler vos plaisirs. Cependant il ne faut rien négliger; et, sans perdre de temps, je vais faire l'enquête la plus exacte qu'il sera possible. » Philidas le loua de sa prudence et de son zèle; et, ramenant Archias dans la salle, il le replonge dans la débauche, et fait durer le repas en faisant toujours attendre aux conviés les femmes qu'il leur promettait.

Charon, de retour chez lui, trouve ses amis tout préparés, non à vaincre ni à sauver leur vie, mais à mourir glorieusement après avoir fait un grand carnage de leurs ennemis. La sérénité et la joie qui régnaient sur son visage, leur annonça, par avance, qu'il n'y avait rien à craindre. Il raconte tout ce qui s'était passé, et l'on ne songe plus qu'à mettre promptement à

exécution un dessein auquel le moindre re-
tardement pouvait apporter mille obstacles.

En effet, dans le moment même survient
tout à coup un second orage bien plus violent et plus dangereux que le premier, et
qui paraissait devoir faire échouer infailli-
blement l'entreprise. Un courrier, parti
d'Athènes, arrive en grand'e hâte chargé
d'un paquet qui renfermait un détail cir-
constancié de toute la conjuration, comme
on le reconnut dans la suite. Ce courrier
fut mené d'abord à Archias, qui était déja
noyé dans le vin, et qui ne respirait que
la joie. En lui rendant sa dépêche, il dit :
« Seigneur, celui qui vous écrit ces lettres
vous conjure de les lire sur-le-champ,
parce qu'il vous écrit pour des affaires sérieuses. » Archias se mettant à rire, à de-
main, dit-il les affaires sérieuses; paroles
qui passèrent depuis en proverbe parmi
les Grecs; et, prenant les lettres, il les
mit sous son chevet *, et continua la conversation et le repas.

Déja les conjurés étaient sortis partagés
en deux troupes : les uns, sous la conduite
de Pélopidas, marchaient contre Léontide,

____
* Les Grecs mangeaient couchés sur des lits.

qui n'était pas du festin ; les autres contre
Archias, ayant à leur tête Charon. Ceux-
ci avaient mis sur leurs cuirasses des robes
de femme, et sur leurs têtes des couronnes
de pin et de peuplier qui leur couvraient tout
le visage. Dès qu'ils furent à la porte de la
salle du festin, tous les convives firent un
grand bruit et jetèrent de grands cris de joie;
mais on leur déclara que les femmes ne
voulaient point entrer qu'on eût auparavant congédié tous les valets ; ce qui fut
exécuté sur-le-champ : on les fit passer
dans des maisons voisines, où le vin ne
leur fut pas épargné. Les conjurés, devenus par ce stratagème maîtres du champ
de bataille, entrent l'épée à la main, se
montrent pour ce qu'ils sont, font main-
basse sur tous les convives, et égorgent
sans peine avec eux les magistrats, qui
tous étaient pleins de vin et hors d'état de
se défendre. Pélopidas trouva plus de résistance. Léontide était couché et endormi.
Réveillé au bruit qu'il entendit, il sauta
brusquement de son lit, s'arma de son
épée, en fit tomber à ses pieds quelques-
uns : mais enfin il fut lui-même égorgé.

Cette grande affaire exécutée ainsi avec

8.

tant de bonheur et de promptitude, ils dépêchent sur - le - champ des courriers aux bannis qui étaient restés à Thriasie; forcent les portes des prisons, et en tirent les prisonniers au nombre de cinq cents; appellent tous les Thébains à la liberté, et arment tous ceux qu'ils rencontrent, enlevant des portiques les dépouilles qui y étaient attachées, et enfonçant les boutiques des armuriers et des fourbisseurs. Épaminondas et Gorgidas viennent à leur secours avec leurs armes, accompagnés d'un assez grand nombre de jeunes gens et de quelques vieillards des plus gens de bien qu'ils avaient ramassés.

Toute la ville était remplie de frayeur et de trouble, toutes les maisons éclairées de flambeaux, et les rues pleines de gens qui allaient et venaient. Le peuple, tout consterné de ce qui venait d'arriver, et n'était pas encore bien informé de son sort, attendait le jour avec impatience. C'est pourquoi on trouva que les capitaines des Lacédémoniens avaient fait une grande faute de n'être pas tombés sur eux pendant ce désordre; car la garnison était de quinze cents hommes, sans compter plus de trois mille bourgeois ou autres qui s'étaient réfugiés dans la citadelle. Effrayés des cris qu'ils entendaient, des feux qui paraissaient par toutes les maisons, et du tumulte de tout ce peuple qui courait çà et là, ils demeurèrent en repos, et se contentèrent de garder la citadelle, après avoir envoyé à Sparte des courriers pour y porter la nouvelle de ce qui venait d'arriver, et pour demander qu'on leur envoyât promptement du secours.

Le lendemain, à la pointe du jour, arrivent les bannis avec leurs armes. On convoque une assemblée du peuple. Epaminondas et Gorgidas y mènent Pélopidas et sa troupe, environnée de tous les sacrificateurs, qui portent dans leurs mains les bandelettes sacrées, et qui exhortent les citoyens à secourir leur patrie et leurs dieux. A ce spectacle toute l'assemblée se lève avec de grands cris et des battemens de mains, et reçoit les conjurés comme ses bienfaiteurs et ses libérateurs. Ce même jour Pélopidas est nommé béotarque avec Mélon et Charon.

L'arrivée des bannis fut suivie de près de celle de cinq mille hommes de pied et de cinq cents chevaux que les Athéniens envoyèrent à Pélopidas sous la conduite de Démophon. Ces troupes, avec celles qui arrivèrent bientôt après de toutes les villes de la Béotie, firent une armée de douze mille hommes d'infanterie et de deux mille chevaux, et, sans perdre de temps, formèrent le siège de la citadelle, pour s'en rendre maîtres avant qu'il pût arriver du secours de Sparte.

Les assiégés se défendaient vigoureusement dans l'espérance d'un prompt secours, et paraissaient déterminés à mourir plutôt que de céder la place : du moins c'était la disposition des Lacédémoniens, mais ils ne faisaient pas le plus grand nombre de la garnison. Quand les vivres commencèrent à manquer, et qu'on se sentit pressé de la faim, le reste des troupes les obligea de capituler. Toute la garnison eut la vie sauve, et on lui permit de se retirer où il lui plairait. A peine était-elle sortie, que le secours arriva. Les Lacédémoniens trouvèrent à Mégare Cléombrote, qui était à la tête d'une puissante armée. Un peu plus de diligence aurait sauvé la citadelle. Mais ce n'est pas là la première fois que la lenteur, naturelle aux Lacédémoniens, leur a fait manquer des entreprises de la dernière importance. Ils firent le procès aux trois *harmostes* ou commandans qui avaient capitulé : deux furent punis de mort, et le troisième condamné à une si grosse amende, que, ne pouvant la payer, il se bannit lui-même du Péloponèse.

Pélopidas eut tout l'honneur de ce grand exploit, le plus mémorable de tous ceux qui ont été exécutés par surprise et par ruse. Plutarque a raison de le comparer à celui de Thrasybule. L'un et l'autre, bannis et exilés, dénués par eux-mêmes de toute ressource, réduits à implorer un secours étranger, forment le hardi dessein de heurter avec une petite poignée de gens, une puissance formidable, et, ayant vaincu par leur seul courage tous les obstacles qui s'opposaient à leur entreprise, ils eurent tous deux le bonheur de délivrer leur patrie, et d'y changer entièrement la face des affaires ; car c'est à Thrasybule qu'Athènes dut cet heureux et subit changement, qui, la tirant de l'oppression où elle gémissait, non-seulement la rétablit dans sa liberté, mais lui rendit tout son

ancien état, et la mit en état d'humilier à
son tour et de faire trembler Sparte, son
ancienne et perpétuelle rivale. Nous ver-
rons de même que la guerre qui bientôt
abaissera l'orgueil de Sparte, et qui lui
ôtera l'empire de la terre et de la mer, fut
l'ouvrage de cette seule nuit, dans laquelle
Pélopidas, sans prendre ni château ni
place, mais entrant, lui douzième, dans
une maison, délia et rompit les chaînes
dont l'empire des Lacédémoniens se servait
pour retenir les autres états dans l'esclavage, et qui paraissaient ne pouvoir jamais
être ni déliées ni brisées.

§ III. [Av. J.-C. 377.] Les Lacédémoniens, après l'injure qu'ils prétendaient
avoir reçue par l'entreprise de Pélopidas,
ne demeurèrent pas en repos, et songèrent
sérieusement à s'en venger. Agésilas sentant
bien qu'une telle expédition, dont le but
était de soutenir des tyrans, ne lui ferait
pas beaucoup d'honneur, la laissa à Cléombrote, qui venait de succéder au roi Agésipolis mort depuis peu, sous prétexte que
son grand âge le dispensait de s'en charger.
Cléombrote entra donc avec son armée dans
les terres de Béotie. Cette première cam-

pagne fut assez languissante, et se termina
à quelques ravages de terres, après quoi le
roi se retira. Il remit une partie de ses troupes à Sphodrias, qui commandait dans Thespies, et retourna à Sparte.

Les Athéniens, qui ne se croyaient pas
en état de tenir tête aux Lacédémoniens,
et qui craignaient les suites de la guerre
dans laquelle la ligue qu'ils avaient faite
avec les Thébains allait les engager, se re-
pentirent d'y être entrés, et y renoncèrent.
Ils mirent en prison ceux qui tenaient én-
core leur parti, firent mourir les uns, ban-
nirent les autres, et condamnèrent les plus
riches à de grosse amendes. Les affaires des
Thébains paraissaient donc presque déses-
pérées, personne ne se présentant pour les
secourir. Pélopidas se trouvait alors en
charge avec Gorgidas. Ils cherchaient ensemble un moyen de commettre encore les
Athéniens avec les Lacédémoniens; et voici
la ruse qu'ils imaginèrent.

Le Spartiate Sphodrias avait été laissé à
Thespies avec un corps de troupes, pour
recevoir et protéger les Béotiens qui voudraient se révolter contre Thèbes. Il avait
de la réputation parmi les gens de guerre;

et ne manquait ni d'audace ni d'ambition ;
mais c'était un homme étourdi, léger, plein
de lui-même, et, par cette raison, porté naturellement à se repaître de vaines espé-
rances. Pélopidas et Gorgidas lui envoient
secrètement un marchand de ses amis, qui
lui offrit comme de lui-même une somme
d'argent assez considérable, et qui lui tint
des discours plus propres encore à le persuader que l'argent, parce qu'ils flattaient
sa vanité. Après lui avoir représenté « qu'a-
vec le mérite et la réputation qu'il avait, il
devrait former quelque grande entreprise
qui le rendît mémorable à jamais, il lui pro-
pose de s'emparer du Pirée, en attaquant
les Athéniens à l'improviste, et lorsqu'ils
s'y attendraient le moins ; que rien ne pouvait être si agréable aux Lacédémoniens,
que de se voir maîtres d'Athènes ; et que ceux
de Thèbes, irrités contre les Athéniens,
qu'ils regardaient comme des déserteurs et
des traîtres, ne leur donneraient aucun secours. »

Sphodrias, cherchant à se faire un grand
nom, et jaloux de la gloire de Phébidas,
qui, selon lui, s'était rendu très illustre et
très-célèbre par l'attentat qu'il avait com-

mis contre Thèbes, s'imagina que ce serait un exploit bien plus glorieux et plus éclatant si de son propre mouvement il se saisissait du port du Pirée, et qu'il ôtât aux Athéniens l'empire de la mer en les attaquant inopinément du côté de la terre. Il s'engagea donc avec joie dans cette entreprise, qui n'était ni moins injuste, ni moins horrible que celle de la Cadmée, mais qui ne fut exécutée ni avec autant de prudence, ni avec le même succès : car, étant parti la nuit de Thespies dans l'espérance de surprendre le Pirée avant le point du jour, l'aube le surprit dans la plaine de Thriasie près d'Éleusis ; et, se voyant découvert, il s'en retourna honteusement à Thespies avec quelque butin qu'il avait fait.

En même temps les Athéniens envoyèrent des ambassadeurs porter leurs plaintes à Lacédémone. Ces ambassadeurs trouvèrent que les Lacédémoniens n'avaient pas attendu qu'on vînt d'Athènes accuser Sphodrias devant eux, et qu'ils l'avaient déja cité devant le conseil pour lui faire son procès. Il n'osa comparaître, craignant l'issue du jugément, et la juste colère de ses citoyens. Il avait un fils, qui était lié d'une étroite et tendre amitié avec celui d'Agésilas. Celui-ci sollicita si vivement son père, ou plutôt le tourmenta avec tant d'importunité et de persévérance, qu'il ne put refuser sa protection à Sphodrias, et il le fit absoudre pleinement. Agésilas était peu délicat, comme on l'a déja vu, sur les devoirs de la justice, quand il s'agissait de servir ses amis. On sait d'ailleurs qu'il était le père du monde le plus tendre et le plus complaisant pour ses enfans. On dit que, pendant qu'ils étaient petits, il jouait avec eux et se divertissait à aller à cheval sur un bâton; et qu'ayant été surpris un jour en cet état par un de ses amis, il le pria de n'en rien dire à personne avant qu'il fût lui-même devenu père.

Le jugement injuste prononcé à Sparte en faveur de Sphodrias irrita extrêmement les Athéniens, et les détermina à renouveler dans le moment même l'alliance avec ceux de Thèbes, qu'ils résolurent de secourir de tout leur pouvoir. Ils équipèrent une flotte de soixante voiles, et ils en donnèrent le commandement à Timothée, fils de l'illustre Conon, dont il soutint bien

la réputation par son courage et ses grandes actions. C'est lui que ses ennemis ,
jaloux de la gloire que lui avait attirée
ses heureux succès , firent peindre dans un
tableau où ils le représentaient dormant ,
et la fortune à ses pieds qui prenaient pour
lui des villes dans des filets. Il fit bien voir
ici qu'il n'était pas endormi. Après avoir
ravagé les côtes de la Laconie , il attaqua
l'île de Corcyre , et s'en rendit maître. Il
en traita les habitans avec beaucoup de
bonté, leur laissa leur liberté et leurs lois ,
ce qui rendit les villes voisines fort favorables aux Athéniens. Les Spartiates, de leur
côté, armèrent puissamment. Avant toutes
choses, ils songèrent à reprendre Corcyre.
Son heureuse situation , entre la Sicile et
la Grèce, rendait cette île fort importante.
Ils intéressèrent Denys-le-Tyran dans cette
expédition, et lui demandèrent du secours.
En attendant , ils firent partir leur flotte ,
commandée par Mnasippe. Les Athéniens
en même temps en envoyèrent une de
soixante voiles au secours de Corcyre.
D'abord on en avait donné le commandement à Timothée; mais bientôt après , sur
ce qu'il parut agir trop lentement, on lui

substitua Iphicrate. Mnasippe, s'étant rendu odieux à ses troupes par sa hauteur, sa dureté et son avarice, en fut très mal servi, et il perdit la vie dans un combat. Ce fut après sa mort qu'Iphicrate arriva. Il apprit que les dix galères de Syracuse approchaient. Il les attaqua si à propos, qu'aucune n'échappa. Il avait demandé qu'on lui donnât pour adjoints l'orateur Callistrate et Chabrias, l'un des chefs les plus renommés de ce temps. En quoi Xénophon admire sa sagesse et sa grandeur d'ame, d'avoir bien voulu paraître avoir besoin de conseil, et de n'avoir point appréhendé que d'autres vinssent partager avec lui la gloire de ses heureux succès.

On avait engagé Agésilas à se mettre à la tête des troupes qui devaient marcher contre Thèbes. Il entra dans la Béotie, où il fit beaucoup de mal aux Thébains, et ne fut pas lui-même exempt de pertes. Les deux armées étaient tous les jours aux mains, et donnaient à tout moment des combats qui n'étaient pas des batailles en forme, mais plutôt des escarmouches, et servaient comme d'apprentissage de guerre aux Thébains, à qui ces différentes rencontres donnaient du courage, de la hardiesse et de l'expérience. C'est pourquoi on rapporte que le Spartiate Antalcide lui dit fort à propos, un jour qu'on le rapportait de la Béotie fort blessé : « Seigneur Agésilas, vous recevez un beau salaire des leçons que vous avez données aux Thébains du métier de la guerre, qu'avant vous ils ne voulaient ni ne pouvaient apprendre. » C'était pour prévenir cet inconvénient, que Lycurgue, dans une des trois ordonnances qu'il appelait rhètres, avait défendu aux Lacédémoniens de faire souvent la guerre contre les mêmes ennemis, de peur de les aguerrir en les obligeant trop souvent à se défendre.

Il se passa ainsi quelques campagnes, sans qu'il y eût ni de part ni d'autre aucune action décisive. C'était prudence, de la part des commandans thébains, de ne point encore hasarder de bataille, et de donner le temps à leurs soldats de se fortifier et de s'enhardir. Lorsque l'occasion était favorable, ils les lâchaient à propos comme de généreux chiens de chasse; et, après leur avoir fait goûter la victoire comme une curée, ils les rappelaient, content de leur courage et de leur ardeur. Et c'est Pélopidas à qui était due la principale gloire de ces succès et de cette sage conduite.

Le combat de Tégyre, qui fut comme le prélude de la bataille de Leuctres, éleva bien haut sa réputation. Ayant manqué son entreprise contre Orchomène, qui avait pris le parti des Lacédémoniens, à son retour les ennemis se trouvèrent sur son chemin près de Tégyre. Dès que les Thébains les aperçurent hors des défilés, quelqu'un, courant de toute sa force à Pélopidas, lui dit : « Nous sommes tombés entre les mains des ennemis. Eh ! pourquoi, répondit-il, ne dirions-nous pas plutôt qu'ils sont tombés entre les nôtres ? » En même temps il commanda à la cavalerie, qui faisait l'arrière-garde, de passer de la queue à la tête pour commencer le combat. Il se tenait bien sûr que son infanterie, qui n'était que de trois cents hommes, et qu'on appelait *le bataillon sacré*, partout où elle donnerait enfoncerait les ennemis, quoique supérieurs en nombre : ils avaient au moins le triple de ses forces. Le choc commença par l'endroit où étaient les chefs des deux partis, et il fut très rude. D'abord les deux géné-

raux des Lacédémoniens, qui s'étaient je—
tés sur Pélopidas, furent tués, tous ceux
qui étaient autour d'eux étant en fuite, ou
mort, ou hors de combat. Les troupes de
Lacédémone furent tellement épouvantées,
qu'elles s'ouvrirent pour donner passage
aux Thébains. Ils auraient pu continuer leur
route, et se sauver, s'ils avaient voulu ; mais
Pélopidas, dédaignant de se servir de cette
ouverture pour se sauver, marcha contre
ceux qui étaient encore en bataille, et il en
fit un si grand carnage, que tout le reste,
effrayé, se mit à fuir en désordre. Les Thébains ne les poursuivirent pas fort loin, de
peur de surprise. Ils se contentèrent de les
avoir rompus et de faire une retraite glo-
rieuse, qui valait une victoire, puisqu'ils la
faisaient au travers des troupes ennemies
dissipées et défaites.

Cette petite rencontre, car on ne peut
pas l'appeler autrement, fut comme le
germe et la semence des grandes actions et
des grands évènemens dont il sera bientôt
parlé. Il n'était jamais arrivé jusque-là dans
aucune guerre, soit contre les Barbares, soit
contre les Grecs, que les Lacédémoniens,
ayant l'avantage du nombre, eussent été

défaits, ni même qu'à forces égales ils eussent été battus en bataille rangée. C'est pourquoi ils étaient d'une fierté qu'on ne pouvait soutenir; et leur réputation seule étonnait leurs ennemis, qui, en nombre égal, n'auraient osé se présenter contre les Spartiates. Cette gloire maintenant leur est enlevée. Les Thébains, à leur tour, vont devenir la terreur et l'effroi de ceux-mêmes qui, jusqu'à ce temps, s'étaient rendus partout si formidables.

L'entreprise d'Artaxerxe Mnémon contre l'Égypte, et la mort d'Évagore, roi de Cypre, devraient naturellement trouver ici leur place; mais, pour ne point couper et interrompre ce qui regarde les Thébains, je diffère à parler de ces deux articles.

§ IV. Pendant que les Perses faisaient la guerre en Égypte, il s'excita beaucoup de troubles dans la Grèce. Ce fut dans cet intervalle que les Thébains, s'étant rendus maîtres de Platée, et ensuite de Thespies, ruinèrent entièrement ces deux villes, après en avoir chassé tous les habitans. Les Platéens se retirèrent à Athènes avec leurs femmes et leurs enfans. Ils y furent reçus avec bonté, et adoptés au nombre des citoyens.

[Av. J.-C. 371.] Artaxerxe, apprenant l'état où était la Grèce, y envoya une nouvelle ambassade pour exhorter les états et les villes qui se faisaient la guerre à mettre bas les armes, et à s'accorder suivant le plan du traité d'Antalcide. Par cette paix, comme on l'a dit en son lieu, il était réglé que toutes le villes de la Grèce jouiraient de la liberté, et se gouverneraient par leurs propres lois. En vertu de cet article, les Lacédémoniens pressaient les Thébains de mettre en liberté toutes les villes de la Béotie, de rebâtir Platée et Thespies, qu'ils y avaient démolies, et de les rendre, avec les terres qui en dépendaient, à leurs anciens habitans. Les Thébains, de leur côté, voulaient que les Lacédémoniens rendissent la liberté à toutes celles de la Laconie, et que la ville de Messène fût restituée à ses anciens maîtres. L'équité le demandait : mais les Lacédémoniens, se croyant toujours fort supérieurs à ceux de Thèbes, prétendaient les soumettre à une loi qu'ils ne voulaient pas suivre eux-mêmes.

Tous les peuples de la Grèce, las et fatigués d'une guerre qui avait déja occupé plusieurs campagnes, et qui n'avait d'autre cause que l'ambition et l'injustice de Sparte, ni d'autre but que son agrandissement, songeaient sérieusement à faire une paix générale, et, dans cette vue, avaient envoyé à Lacédémone des députés pour concerter ensemble les moyens de parvenir à une fin si desirée et si nécessaire. Parmi ces députés Epaminondas tenait un des premiers rangs. Il était dès lors très célèbre pour son érudition, et pour la profonde connaissance qu'il avait de la philosophie ; mais il n'avait point encore été en situation de donner des preuves bien éclatantes de sa grande capacité pour commander des armées et pour manier les affaires publiques. Voyant que tous les députés, par respect pour Agésilas, qui se déclarait ouvertement pour la guerre, n'osait lui contredire en rien, ni s'écarter de son avis ; effet que produit assez ordinairement, d'un côté, une autorité trop impérieuse, et, de l'autre, une soumission trop servile ; il fut le seul qui parla avec une sage et noble hardiesse, comme il convient à un homme d'état qui n'a en vue que le bien public. Il fit une harangue, non pour les seuls Thébains, mais en général pour toute la Grèce, faisant voir que la guerre augmentait la seule puissance des Spartiates, et qu'elle ruinait et affaiblissait tous les autres Grecs. Il insista principalement sur la nécessité qu'il y avait de fonder la paix sur l'égalité et sur la justice, parce qu'il ne pouvait y avoir de paix ferme et durable que celle où toutes les parties trouvaient un avantage égal.

Un discours comme celui-là, fondé visiblement en raison et en justice, et prononcé d'un ton grave et sérieux, ne manque jamais de faire impression sur les esprits. Agésilas s'aperçut bien, par l'attention et le silence qu'on lui avait prêtés, que tous les députés en avaient été extrêmement frappés, et qu'ils ne manqueraient pas de se conformer à son avis. Pour en détourner l'effet, il demanda à Epaminondas « s'il estimait qu'il fût juste et raisonnable de laisser la Béotie libre et indépendante, » c'est-à-dire s'il consentait que les villes de la Béotie ne dépendissent plus de Thèbes. Epaminondas tout aussitôt lui demanda à son tour, avec beaucoup de vivacité, « s'il estimait aussi qu'il fût juste et raisonnable de laisser la Laconie dans la

même indépendance et la même liberté. »
Alors Agésilas, se levant de son siège,
plein de colère, le pressa de déclarer net-
tement s'il laisserait la Béotie libre. Epaminondas lui fit encore la même question,
et lui demanda s'il laisserait, de son côté,
la Laconie libre. Agésilas qui ne cherchait
qu'un prétexte pour rompre avec les Thébains, effaça sur-le-champ leur nom du
traité d'alliance qu'on était près de conclure ; et tous les autres alliés le signèrent,
moins par inclination que pour ne pas dé-
plaire aux Lacédémoniens, dont ils redou-
taient le pouvoir.

En conséquence de ce traité, on devait
licencier toutes les troupes qui étaient en
campagne. Cléombrote, l'un des rois de
Sparte, se trouvait alors en Phocide, à la
tête de l'armée; il écrivit aux éphores pour
savoir les intentions de la république. Prothoüs, l'un des premiers sénateurs, représenta qu'il n'y avait pas lieu de délibérer,
et que Sparte ne pouvait se dispenser, selon l'accord qui venait d'être fait, de rap
peler ses troupes : ce n'était pas le sentiment d'Agésilas. Piqué contre les Thébains, et en particulier contre Epaminon-

das, il voulait absolument la guerre, pour avoir lieu de se venger; et l'occasion lui en parut alors très favorable, toute la Grèce étant libre et unie, et les Thébains seuls exclus du traité de paix. L'avis de Prothoüs fut donc rejeté par tout le conseil, qui le traita de bon homme et de radoteur qui n'y entendait rien; la Divinité, remarque Xénophon, les poussant dès-lors dans le précipice. Les éphores mandèrent sur l'heure à Cléòmbrote de mener ses troupes contre les Thébains; et, sans perdre un moment, ils envoyèrent partout pour assembler les forces de leurs alliés, qui étaient très fâchés de cette guerre, et qui n'y marchaient qu'à contre-cœur, mais qui n'osaient encore contredire les Lacédémoniens, ni leur désobéir. Quoiqu'on ne dût pas attendre un heureux succès dans une guerre entreprise visiblement contre toute justice et toute raison, et par le seul motif de colère et de vengeance, cependant les Lacédémoniens, qui se sentaient beaucoup supérieurs en nombre, comptaient sur une victoire assurée, et se flattaient que Thèbes, délaissée de ses alliés, était hors d'état de leur tenir tête.

(Av. J.-C. 370.) L'alarme fut grande d'abord chez les Thébains ; ils se voyaient seuls, sans alliés et sans secours. Tous les Grecs alors regardèrent Thèbes comme perdue : on ne savait pas qu'en un seul homme elle avait plus d'une armée. Cet homme était Epaminondas ; il est nommé général, et on lui donne plusieurs collègues. Il lève promptement le plus de troupes qu'il lui est possible (elles ne montaient qu'à six mille hommes, et l'ennemi en avait plus de vingt-quatre mille), et se met en marche. Comme pour l'arrêter, on lui annonçait plusieurs mauvais augures, il ne répondit que par un vers d'Homère, dont le sens est : « Il n'y a qu'un seul bon augure, qui est de combattre pour sa patrie. » Cependant, pour rassurer l'esprit des soldats, naturellement superstitieux, et qu'il voyait intimidés, il suborna plusieurs particuliers, qui vinrent de différens endroits lui annoncer d'heureux augures, ce qui rendit aux troupes le courage et l'espérance.

Pélopidas n'était point alors en charge, mais il commandait le bataillon sacré. Comme il sortait de sa maison pour aller à l'armée, sa femme, qui l'accompagnait pour lui dire les derniers adieux, fondant en larmes, et le conjurant de se conserver : « Voilà, lui dit-il, ce qu'il faut recommander aux jeunes gens; mais, pour les chefs, il ne faut leur recommander que de conserver les autres. »

Épaminondas avait pris la sage précaution de s'assurer d'un passage qui aurait épargné beaucoup de chemin à Cléombrote. Celui-ci, après avoir fait un long circuit, arriva à Leuctres, petit bourg de la Béotie, entre Platée et Thespies. On délibéra, de part et d'autre, si l'on donnerait la bataille. Cléombrote y fut déterminé par l'avis de tous ses officiers, qui lui représentèrent que, si, avec des troupes beaucoup supérieures en nombre, il refusait de combattre, ce refus confirmerait le bruit qui s'était répandu que sous main il favorisait ceux de Thèbes. Ceux-ci avaient une raison essentielle de hâter le combat pour prévenir l'arrivée des troupes que les ennemis attendaient de jour à autre. Cependant les avis se trouvèrent partagés entre les six chefs qui formaient le conseil. Un septième, étant survenu fort à propos, se joignit aux trois qui voulaient qu'on allât présenter la bataille à l'ennemi ; et cet avis, qui était celui d'Epaminondas, l'ayant emporté, la bataille fut résolue : on était pour lors dans la seconde année de la cent deuxième olympiade.

Les deux armées étaient bien inégales pour le nombre : celle des Lacédémoniens, comme on l'a déja dit, était composée de vingt-quatre mille hommes d'infanterie et de seize cents chevaux ; celle des Thébains n'avait que quatre cents chevaux et six mille hommes de pied, mais tous aguerris et animés par les campagnes qu'ils avaient faites avec tant de succès, et déterminés à vaincre ou à mourir. La cavalerie des Lacédémoniens, composée d'hommes pris au hasard, sans valeur, sans expérience, le cédait autant à celle des ennemis pour le courage, qu'elle l'emportait pour le nombre : ils ne pouvaient pas compter sur leur infanterie, à l'exception des Lacédémoniens ; les alliés, comme il a déja été remarqué, ne s'étant engagés dans cette guerre qu'à contre-cœur, parce qu'ils n'en approuvaient pas le sujet, et que d'ailleurs ils étaient mécontens des Lacédémoniens.

Les deux généraux, par leur habileté, tenaient lieu chacun à leur armée de troupes nombreuses, surtout le Thébain, qui était le capitaine de son temps le plus accompli; il était soutenu par Pélopidas, qui commandait le bataillon sacré. Ce bataillon était composé de trois cents jeunes Thébains, unis ensemble d'une étroite et tendre amitié, engagés par un serment particulier à ne prendre jamais la fuite, et à se défendre les uns les autres jusqu'au dernier soupir.

Quand le jour du combat fut venu*, les deux armées se mirent en bataille dans une plaine. Cléombronte était à la droite, composée principalement des Lacédémoniens, sur lesquels il comptait le plus, et qui étaient sur douze de hauteurs; et, pour profiter de la supériorité de sa cavalerie dans un pays couvert, il la plaça toute en première ligne devant les Lacédémoniens. Archidamus, fils d'Agésilas, était à la tête des alliés, qui formaient l'aile gauche.

Épaminondas, résolu d'attaquer par sa gauche, qu'il commandait en personne, la fortifia de tout ce qu'il avait d'hommes

» La bataille se donna le 8 juillet 371 avant J.-C.

10.

d'élite et pesamment armés, qu'il rangea sur cinquante de hauteur. Le bataillon sacré, placé à sa gauche fermait cette aile. Le reste de son infanterie s'étendait sur sa droite en ligne oblique, qui, à mesure qu'elle se prolongeait, s'éloignait davantage du front de l'ennemi. Par cette disposition qui n'est pas ordinaire, son dessein était de couvrir son flanc droit, d'écarter et de mettre comme en réserve son aile droite, afin de ne point hasarder le succès du combat par ce qu'il avait de plus faible, et de commencer l'action par son aile gauche, où était l'élite de ses troupes, pour tourner tout l'effort du combat contre le roi Cléombrote et les Spartiates. Il se tenait bien sûr que, s'il pouvait enfoncer la phalange lacédémonienne, tout le reste de l'armée serait bientôt mis en déroute. Pour ce qui est de sa cavalerie, il se régla sur la disposition de celle des ennemis, et la plaça en première ligne devant sa gauche.

L'action commença par la cavalerie. Comme celle des Thébains était mieux montée et plus aguerrie que celle de Lacédémone, celle-ci ne fut pas long-temps sans être rompue et renversée sur son in-

fanterie, qu'elle commença à mettre en
confusion. Epaminondas, suivant de près
sa cavalerie, marche à grands pas contre
Cléombrote, et tombe sur sa phalange avec
tout le poids de son épais bataillon. Celui-
ci, pour faire diversion, détache un corps
de troupes, auquel il donne ordre de
prendre Epaminondas en flanc, et de l'envelopper. Pélopidas, s'apercevant de ce
mouvement, s'avance avec une vitesse et
une hardiesse incroyables à la tête du bataillon sacré pour prévenir l'ennemi, prend
Cléombrote lui-même en flanc, et, par
cette attaque brusque et inopinée, le met
en désordre. Le combat fut très rude et
très opiniâtre; et, pendant que Cléombrote
put agir, la victoire demeura douteuse, et
balança long-temps entre les deux partis.
Quand il fut tombé mort de ses blessures,
les Thébains, pour achever leur victoire,
les Lacédémoniens pour n'avoir pas la
honte d'avoir abandonné le corps de leur
roi, firent de nouveaux efforts de part et
d'autre, et le carnage fut grand. Ceux-ci se
battirent avec tant de fureur autour du
corps, qu'enfin ils vinrent à bout de l'emporter. Animés par ce glorieux avantage,

ils voulaient revenir à la charge, et l'auraient peut-être fait avec succès si les alliés
avaient secondé leur ardeur; mais l'aile
gauche, voyant que la phalange lacédémonienne avait été enfoncée, et croyant
tout perdu, surtout quand elle eut appris
la mort du roi, prit la fuite, et entraîna
avec elle tout le reste de l'armée. Epaminondas la poursuivit vivement, et en fit
périr un grand nombre. Les Thébains, demeurés maîtres du champ de bataille, érigèrent un trophée, et permirent aux ennemis d'enterrer leurs morts.

Jamais les Lacédémoniens n'avaient reçu
un pareil échec. Les plus sanglantes défaites jusqu'alors ne leur avaient coûté
guère plus de quatre ou cinq cents hommes
de leurs citoyens. On avait vu Sparte,
d'ailleurs si animée, ou plutôt si acharnée
contre Athènes, racheter d'une trève de
trente années huit cents de ses citoyens,
qui s'étaient laissé envelopper dans la
petite île de Sphactérie : ici, il demeura
sur la place quatre mille hommes, dont il
y avait mille Lacédémoniens, et quatre
cents Spartiates, de sept cents qui s'étaient
trouvés à la bataille. Les Thébains ne per

dirent que trois cents hommes, parmi lesquels il se trouva peu de citoyens de Thèbes.

La ville de Sparte célébrait actuellement les jeux gymniques, et elle était pleine d'étrangers que la curiosité y avait amenés, lorsque les courriers arrivèrent de Leuctres avec la terrible nouvelle de cette défaite. Les éphores, quoiqu'ils en sentissent parfaitement toutes les suites, et qu'ils vissent bien qu'elle portait un coup mortel à l'empire de Sparte, ne permirent pourtant ni aux chœurs de se retirer, ni à la ville de rien changer dans la célébration de la fête. Ils envoyèrent dans toutes les maisons aux parens les noms des morts qui leur appartenaient, et demeurèrent au théâtre à faire continuer les danses et les jeux jusqu'à la fin.

Le lendemain matin, chacun sachant le sort des siens, les pères et tous les parens de ceux qui avaient été tués, s'étaient rendus à la place publique, se saluaient et s'embrassaient les uns les autres avec un visage plein de joie et de sérénité : au lieu que les autres se tenaient cachés dans leurs maisons; ou, si la nécessité les obligeait de paraître au - dehors, c'était avec une tristesse et un abattement qui marquait d'une manière sensible leur vive et profonde douleur. Cette différence se remarquait encore mieux dans les femmes. La tristesse, le silence, les larmes découvraient celles qui attendaient le retour de leurs fils : mais on voyait celles dont les fils avaient été tués courir avec empressement aux temples pour rendre grace aux dieux, et se féliciter les unes les autres de leur gloire et de leur bonheur. On ne peut disconvenir qu'il n'y ait dans de tels sentimens un grand courage ; mais je voudrais qu'il n'étouffât pas entièrement ceux de la nature, et qu'il eût moins de férocité.

On se trouva dans un grand embarras à Sparte, au sujet de ceux qui s'étaient enfuis de la bataille. Comme ils étaient en grand nombre et des plus puissans de la ville, on n'osait leur faire souffrir les peines ordonnées par les lois, de peur que le désespoir ne leur fît prendre quelque résolution extrême et funeste à l'état ; car non-seulement les fuyards étaient exclus de toutes sortes de charges et d'emplois, mais c'était encore une honte de s'allier avec eux par des mariages. Tous ceux qui les rencontraient sur leur chemin pouvaient les frapper, et ils étaient forcés de le souffrir. De plus, ils ne pouvaient porter que des robes sales, déchirées, et pleines de pièces de diverses couleurs. Enfin il fallait qu'ils se fissent raser la moitié de la barbe, et qu'ils laissassent croître l'autre moitié. C'était faire un grand tort à Sparte que de la priver de tant de gens de guerre dans un temps où elle en avait un si pressant besoin. Pour se retirer de cet embarras, elle choisit Agésilas pour législateur, et lui donna un souverain pouvoir de faire dans les lois tous les changemens qui lui plairait. Agésilas, sans y rien ajouter, sans en rien retrancher, sans en rien changer, trouva le moyen de sauver les fuyards et l'état. S'étant rendu à l'assemblée des Lacédémoniens, il dit en plein conseil, que pour ce jour il fallait laisser dormir les lois, et après ce jour leur rendre toute leur autorité. Par ce peu de mots, il conserva à Sparte ses lois entières, et lui rendit aussi ce grand nombre de citoyens qu'il empêcha d'être pour toujours déshonorés et de devenir inutiles à la république.

Après la bataille de Leuctres, les deux partis travaillèrent, les uns à réparer leur perte, les autres à profiter de leur victoire.

Agésilas, pour relever le courage des siens, entra en arme dans l'Arcadie, mais bien résolu d'éviter avec grand soin d'en venir à un combat. Il s'attacha seulement à quelques petites places des Mantinéens, qu'il prit, et fit le dégât dans le pays ; ce qui réjouit un peu Sparte, et ranima son courage, en lui faisant croire que son salut n'était pas entièrement désespéré.

Les Thébains, aussitôt après leur victoire, avaient envoyé à Athènes pour y en porter la nouvelle, et pour demander du secours contre l'ennemi commun. Le sénat était actuellement assemblé ; il reçut fort froidement le courrier, ne lui fit point les présens ordinaires, et le renvoya sans lui parler de secours. Les Athéniens, alarmés de l'avantage considérable que Thèbes venait de remporter contre les Lacédémoniens, ne purent dissimuler l'ombrage et l'inquiétude que leur donnait l'accroissement prompt et inopiné d'une puissance voisine, qui pouvait bientôt se rendre formidable à toute la Grèce.

A Thèbes, Epaminondas et Pélopidas
avaient été nommés gouverneurs de la
Béotie tous deux ensemble. Ayant réuni
toutes les troupes des Béotiens et de leurs
alliés, dont le nombre augmentait tous les
jours, ils entrèrent dans le Péloponèse, et
firent révolter beaucoup de villes et de
peuples contre les Lacédémoniens : Elide,
Argos, toute l'Arcadie, et la plus grande
partie de la Laconie même. On était alors
au solstice d'hiver, et à la fin du dernier
mois de l'année; de sorte que dans très peu
de jours ils devaient sortir de charge : car
le premier jour du mois suivant, il fallait
qu'ils cédassent leur place à ceux qui seraient nommés ou qu'ils encourussent la
peine de mort s'ils la retenaient au-delà de
ce terme. Leurs collègues, craignant la
mauvaise saison, et encore plus les suites
redoutables de cette loi, voulaient à toute
force ramener l'armée à Thèbes. Pélopidas
fut le premier qui, entrant dans le sentiment d'Epaminondas, excita le courage de
ses citoyens, et les engagea à profiter de
l'alarme où étaient les ennemis, et à poursuivre leur entreprise, en passant par-dessus une formalité dont ils se devaient croire

légitimement dispensés par l'état même, puisque l'intérêt de l'état, quand il est fondé sur la justice, est une loi souveraine pour les sujets.

Ils entrèrent donc dans la Laconie, à la tête d'une armée de plus de soixante et dix mille bons soldats, dont les Thébains ne faisaient pas la douzième partie ; mais la grande réputation de ces deux généraux faisait que, même sans ordre et sans décret public, tous les alliés se rangeaient avec un respectueux silence sous leurs enseignes, et marchaient pleins de confiance et de courage sous leur conduite. Il y avait six cents ans que les Doriens s'étaient établis à Lacédémone, et, depuis tout ce temps-là, c'était ici la première fois qu'ils voyaient les ennemis sur leurs terres ; auparavant jamais aucun n'avait osé y mettre le pied, bien moins encore attaquer la ville, quoiqu'elle fût sans murailles. Les Thébains et leurs alliés, trouvant donc un pays auquel on n'avait jamais touché, le parcoururent la flamme à la main, le saccagèrent et le pillèrent jusqu'à la rivière d'Eurotas, sans que personne se mît en devoir de les en empêcher.

On avait placé en quelques endroits des corps-de-garde pour défendre des passages importans. Ischolas, Spartiate, qui commandait un de ces détachemens, s'y distingua d'une manière particulière. Voyant bien qu'avec sa petite troupe il ne pouvait pas soutenir l'attaque des ennemis, mais jugeant qu'il était honteux à un Spartiate d'abandonner son poste, il renvoya dans la ville les jeunes gens qui étaient en âge et en état de servir utilement leur patrie, et ne retint avec lui que les vieillards. Se dévouant tous ensemble au bien public, à l'imitation de Léonide, ils vendirent bien cher leur vie; et, après s'être long-temps défendus, et avoir fait un grand carnage, ils périrent tous.

Agésilas se conduisit dans cette occasion avec beaucoup d'habileté et de sagesse. Il regarda cette irruption des ennemis comme un torrent impétueux, auquel il aurait été non-seulement inutile, mais dangereux, de s'opposer, et dont le cours rapide, mais de courte durée, après quelques ravages, se dissiperait de lui-même. Il se contenta de distribuer dans le milieu de la ville et dans tous les endroits les plus importans ses meilleures troupes, et de bien assurer tous les postes. Du reste, bien déterminé à ne point sortir et à ne point hasarder de combat, il demeura insensible aux railleries, aux insultes, aux menaces des Thébains, qui le défiaient en l'appelant par son nom, et qui le pressaient de sortir pour défendre son pays, lui seul qui en avait causé tous les maux en allumant cette guerre.

Mais ce qui attristait encore davantage Agésilas, c'étaient les mouvemens tumultueux et les troubles qui s'excitaient dans la ville, le murmure et les plaintes des vieillards, affligés jusqu'au désespoir d'être témoins de ce qu'ils voyaient, aussi-bien que des femmes, qui paraissaient comme forcenées en entendant les cris menaçans des ennemis, et en voyant les embrasemens qu'ils excitaient aux environs, dont la lumière et la fumée, qui venaient presque sous leurs yeux, semblaient leur annoncer un pareil malheur. Quelque courage que montrât au-dehors Agésilas, il ne pouvait pas ne point être sensiblement touché d'un si triste spectacle, auquel se joignait la douleur de voir ternir sa réputation, en ce qu'ayant trouvé la ville très florissante et très puissante quand il fut chargé du gouvernement, il la voyait dépérir entre ses mains, et perdre sous lui tout son ancien éclat. Il avait encore un secret dépit de voir démentir la vanterie dont il avait souvent usé lui-même, « que jamais femme de Sparte n'avait vu la fumée d'un camp ennemi. »

Pendant qu'il donnait différens ordres dans la ville, on vint l'avertir qu'un certain nombre de mutins s'étaient emparés d'un poste important où ils voulaient se cantonner. Agésilas y courut aussitôt; et, comme s'il n'eût rien su de leur mauvais dessein, « Camarades, leur dit-il, ce n'est pas là où je vous avais envoyés. » Il leur marqua en même temps différens postes pour les séparer, et ils s'y rendirent, persuadés qu'on n'avait rien soupçonné de leur entreprise. Cet ordre, donné ainsi de sang-froid, montre une grande présence d'esprit dans Agésilas, et fait voir que, dans les troubles, il ne faut pas paraître tout voir, afin de donner lieu au repentir. Il aima mieux supposer cette petite troupe innocente, que de la jeter dans une révolte déclarée par une recherche trop rigoureuse.

11.

L'Eurotas était alors fort gros et fort enflé par la fonte des neiges; et les Thébains trouvèrent plus de difficulté qu'ils n'avaient cru à le passer, tant à cause de la trop grande froideur de ses eaux, qu'à cause de leur rapidité. Comme Epaminondas passait tout le premier à la tête de son infanterie, quelques Spartiates le montrèrent à Agésilas. Celui-ci, après l'avoir regardé long-temps et l'avoir suivi des yeux, ne dit que ce seul mot : « Quel homme ! » admirant le courage qui lui faisait entreprendre de si grandes choses. Epaminondas aurait fort souhaité de donner un combat dans Sparte même, et d'y ériger un trophée. Il n'osa pas néanmoins entreprendre de forcer la ville; et, n'ayant pu engager Agésilas à en sortir, il prit le parti de se retirer. Il aurait été difficile que Sparte, sans défense et sans murailles, eût résisté long-temps à une armée victorieuse. Mais l'habile chef qui la conduisait appréhenda de s'attirer sur les bras toutes les forces du Péloponèse, et plus encore d'exciter la jalousie des Grecs, qui n'auraient pu lui pardonner d'avoir, pour son coup d'essai, détruit une si puissante république, et aur-

...ché, comme disait Leptine, un œil à la Grèce. Il se borna donc à la gloire d'avoir terrassé des superbes, en qui le langage laconique redoublait la fierté du commandement, et de les avoir, ainsi que lui-même s'en vantait, réduits à la nécessité d'alonger leurs monosyllabes *. A son retour, il fit encore le dégât dans la campagne.

Dans cette expédition, les Thébains remirent l'Arcadie en un seul et même corps, et ôtèrent la Messénie aux Spartiates, qui s'en étaient rendus maîtres depuis fort long-temps ** après en avoir chassé tous les habitans. C'était un pays qui n'avait pas moins d'étendue que toute la Laconie, et qui ne le cédait point en fertilité aux meilleurs terroirs de la Grèce. Les anciens habitans qui étaient dispersés en différentes régions de la Grèce, de l'Italie, de la Sicile, au premier signal qu'on leur

---

* Les Lacédémoniens quelquefois, pour toute réponse aux plus importantes dépêches, n'employaient qu'un monosyllabe. Philippe leur ayant mandé, *Si j'entre dans votre pays, j'y mettrai tout à feu et à sang*, ils repartirent : *Si;* pour faire entendre qu'ils mettraient bon ordre que le cas n'arrivât point.

** Il s'était écoulé 287 ans depuis que les Messéniens avaient été chassés de leur pays.

en donna, accoururent tous avec une joie incroyable, animés par l'amour de la patrie naturel à tous les hommes, et presque autant aussi par la haine contre Sparte, que le nombre des années n'avait fait qu'augmenter en eux. On leur bâtit une ville, qui, du nom de l'ancienne, fut appelée Messène. Parmi les tristes évènemens de cette guerre, celui-ci causa aux Lacédémoniens une vive douleur et un sensible déplaisir, parce que, de temps immémorial, il y avait toujours eu entre Sparte et Messène une haine irréconciliable, qui paraissait ne pouvoir s'éteindre que par la ruine totale de l'une ou de l'autre.

Polybe relève, dans la conduite des Messéniens à l'égard de Sparte, un ancien défaut qui fut la cause de tous leurs malheurs: c'était de trop rechercher une tranquillité présente, et, par un amour excessif de la paix, de négliger les moyens de se l'assurer pour toujours. Ils avaient pour voisins deux des plus puissans peuples de la Grèce, les Arcadiens et les Lacédémoniens. Ceux-ci, dès leur premier établissement dans le pays, leur déclarèrent une guerre ouverte; les autres, au contraire, s'attachèrent toujours à eux, et entrèrent dans tous leurs intérêts.

Mais les Messéniens n'eurent ni le courage
de s'opposer fortement et constamment à
des ennemis acharnés et irréconciliables, ni
la prudence de ménager avec soin des amis
fidèles et affectionnés. Quand ces deux
peuples se faisaient la guerre l'un à l'autre,
ou qu'ils portaient ailleurs leurs armes, les
Messéniens, peu prévoyans pour l'avenir,
et qui ne songeaient qu'à se procurer un
repos présent, se faisaient un devoir de
n'épouser les querelles ni des uns ni des
autres, et de garder une exacte neutralité.
Ils se félicitaient alors eux-mêmes sur leur
sagesse et sur leur bonheur, de demeurer
ainsi tranquilles au milieu des troubles qui
agitaient tout leur voisinage. Cette tranquillité n'était pas de longue durée. Les
Lacédémoniens, délivrés de leurs ennemis,
retombaient sur eux avec toutes leurs forces, et les trouvant seuls, sans secours et
sans défense, les obligeaient ou de subir le
joug d'une dure servitude, ou de s'exiler
eux-mêmes de leur patrie. C'est ce qui leur
arriva plusieurs fois. Ils devaient faire réflexion, dit Polybe, que, comme il n'y a
rien de plus desirable ni de plus salutaire
qu'une paix fondée sur la justice et sur

l'honneur, aussi n'y a-t-il rien de plus honteux ne de plus pernicieux en même temps qu'une paix ménagée par de mauvaises voies et achetée au prix de la liberté.

§ V. Il semble que les deux grands généraux thébains, à leur retour dans leur patrie après de si mémorables actions, devaient être reçus avec un applaudissement général, et comblés de toutes sortes d'honneurs. Il n'en fut pas ainsi. On les appela tous deux en justice, comme criminels d'état, sur ce qu'ils n'avaient pas obéi à la loi, qui ordonnait de remettre au commencement du premier mois le commandement aux nouveaux officiers, et qu'ils l'avaient retenu quatre mois entiers au-delà du terme, pendant lesquels ils avaient exécuté, dans la Messénie, dans l'Arcadie et dans la Laconie, toutes les grandes choses dont nous avons parlé.

On est étonné d'une pareille conduite, et l'on ne peut en lire le récit sans une secrète indignation; mais cette conduite avait un fondement plausible. Les amateurs zélés d'une liberté nouvellement recouvrée pouvaient craindre la contagion de cet exemple, en autorisant quelque autre magistrat à se maintenir dans le commandement au-delà du terme expiré, et à tourner ensuite ses armes contre sa patrie même. Il n'y a pas à douter qu'on n'en eût fait autant à Rome; et, si les Romains étaient si sévères contre un officier, quoique vainqueur, qui aurait combattu sans l'ordre de son général, qu'aurait-ce été contre un général qui se serait conservé, contre les lois, toute l'autorité du commandement pendant quatre mois?

Pélopidas fut cité le premier devant le tribunal. Il se défendit avec moins de force et de grandeur d'ame qu'on n'avait sujet de l'attendre d'un homme de son caractère, car il était vif et bouillant. Ce courage, fier et intrépide dans les combats, l'abandonna dans le jugement. Son air et son discours, qui avaient je ne sais quoi de timide et de rampant, annonçaient un homme qui craignait la mort, et ne disposèrent point les juges en sa faveur; ce ne fut point sans peine qu'ils le renvoyèrent absous. Épaminondas parut d'un air et parla d'un ton tout différens; et il se présenta, pour ainsi dire, de front au péril sans changer de contenance. Au lieu de se justifier, il fit son éloge. Il raconta en termes magnifiques com-

ment il avait ravagé la Laconie , rétabli la
Messénie, réuni l'Arcadie en un seul corps ;
et conclut en disant qu'il mourrait avec joie
si les Thébains voulaient bien lui laisser à
lui seul la gloire de toutes ces actions , et
déclarer qu'il les avait faites de son chef et
sans leur aveu. Tous les suffrages furent
pour lui; et il sortit de ce jugement, comme
il avait coutume de sortir des combats, couvert de gloire et généralement applaudi ;
tant le véritable courage a de grandeur, et
enlève comme par force l'admiration des
hommes !

Il était né pour les grandes choses, et
donnait lui-même un air de grandeur à
tout ce qu'il faisait. Un jour ses ennemis ,
jaloux de sa gloire, et pour lui faire injure,
l'avaient fait nommer téléarque; c'était une
commission peu digne d'un homme de son
mérite. Il ne s'en tint nullement déshonoré,
et dit qu'il ferait voir que non-seulement
la charge montre quel est l'homme , mais
aussi que l'homme montre quelle est la
charge. En effet il éleva à une grande dignité cet office, qui n'était rien auparavant,
et dont les fonctions ne consistaient qu'à
faire nettoyer les rues, emporter les fu-

miers, et prendre soin des égouts pour faire écouler les eaux.

Les Lacédémoniens, ayant tout à craindre de la part d'un ennemi que la victoire qu'il venait de remporter rendait encore plus fier et plus entreprenant que jamais, et se voyant exposés à chaque moment au péril d'une nouvelle irruption, eurent recours aux Athéniens, et députèrent vers ce peuple pour implorer son secours. Celui qui porta la parole commença par décrire d'une manière touchante le triste état et l'extrême danger où Sparte se trouvait réduite. Il exposa la fierté insolente des Thébains, et leurs vues ambitieuses, qui n'allaient à rien moins qu'à se rendre maîtres de la Grèce. Il fit sentir au peuple ce qu'Athènes avait à craindre pour elle-même de Thèbes, si on lui laissait prendre de nouveaux accroissemens par le nombre des alliés qui de jour en jour s'attachaient à son parti et grossissaient ses troupes. Il rappela le souvenir de ces temps heureux où l'union étroite d'Athènes et de Sparte avait sauvé la Grèce et comblé également de gloire les deux peuples. Il finit en ajoutant que c'en serait une grande pour les

Athéniens, de venir au secours d'une ville anciennement amie et alliée, qui plus d'une fois s'était sacrifiée généreusement pour l'intérêt et le salut commun.

Les Athéniens ne pouvaient disconvenir de tout ce que le député avait avancé dans son discours ; mais aussi ils n'avaient pas oublié les mauvais traitemens qu'ils avaient reçus de Sparte en plus d'une occasion, et surtout depuis la déroute de Sicile : cependant la compassion du malheur présent de Sparte l'emporta sur le ressentiment des anciennes injures. Il y fut résolu qu'Athènes secourrait les Lacédémoniens de toutes ses forces. Peu de temps après, les députés de plusieurs peuples s'étant assemblés à Athènes, on y conclut même contre les Thébains une ligue et une confédération, conforme à l'ancien traité d'Antalcide et aux intentions du roi de Perse qui ne cessait d'en demander l'exécution.

Un léger avantage que les Lacédémoniens remportèrent sur leurs ennemis les tira de l'abattement où ils avaient été jusqu'alors ; comme il arrive ordinairement que, dans une maladie mortelle, le moindre rayon de santé ranime l'espérance et rappelle la joie. Archidamus, fils d'Agésilas, ayant reçu un grand secours que lui envoyait Denys-le-Jeune, tyran de Sicile, se mit à la tête des troupes, et défit les Arcadiens dans une bataille qui fut appelée la bataille sans larmes, parce qu'il ne perdit pas un seul homme, et qu'il tua beaucoup de monde aux ennemis. Les Spartiates auparavant étaient tellement accoutumés à vaincre, qu'ils étaient devenus presque insensibles au plaisir de la victoire. Mais quand on apprit la nouvelle de ce combat d'Archidamus, et qu'on le vit revenir vainqueur, personne ne put se contenir ni demeurer dans la ville. Son père sortit le premier au-devant de lui, pleurant de joie et de tendresse. Il était suivi des officiers et des magistrats. La foule des vieillards et des femmes descendit jusqu'au bord de la rivière en tendant les mains au ciel, et en remerciant les dieux, comme si par cette action Sparte eût lavé l'opprobre dont elle était couverte, et qu'elle eût commencé à revoir ces beaux jours dont la gloire avait autrefois porté si loin sa réputation.

Philiscus, envoyé de la part du roi de Perse pour concilier entre eux les peuples de la Grèce, s'était rendu à Delphes, où il convoqua leurs députés. Le dieu ne fut point du tout consulté. On discuta l'affaire dans l'assemblée. Les Lacédémoniens demandaient qu'on remît sous leur puissance Messène et ses habitans. Sur le refus que firent les Thébains d'y consentir, l'assemblée se rompit, et Philiscus se retira, après avoir laissé aux Lacédémoniens des sommes considérables pour lever des troupes et continuer la guerre. Sparte, humiliée et affaiblie par ses pertes, ne donnait plus de crainte et de jalousie aux Perses : mais Thèbes victorieuse et triomphante, leur causait de justes inquiétudes.

Pour former avec plus de sûreté une ligue contre les Thébains, les alliés avaient député vers le grand roi. Ceux de Thèbes y envoyèrent aussi de leur côté Pélopidas; choix plein de sagesse à cause de la grande réputation du député, ce qui n'est pas indifférent pour le succès d'une ambassade. La renommée, après la bataille de Leuctres, avait porté son nom et fait retentir le bruit de sa victoire jusqu'aux provinces de l'Asie les plus reculées. Quand il fut arrivé à la cour et qu'il parut devant les satrapes : « Voilà, s'écriaient-ils pleins d'admiration, voilà cet homme qui a ôté aux Lacédémoniens l'empire de la terre et de la mer, et réduit Sparte à se renfermer entre le Taygète et l'Eurotas; Sparte, qui depuis peu encore, sous la conduite d'Agésilas, ne tendait à rien moins qu'à nous venir attaquer à Suse et dans Ecbatane.»

Artaxerxe, ravi de son arrivée, lui rendit des honneurs extraordinaires, et prit à tâche de le relever devant les grands seigneurs de sa cour, par estime, à la vérité, pour son grand mérite, mais encore plus par vanité et par amour-propre, pour faire entendre à ses sujets que les plus grands et les plus illustres personnages venaient lui faire la cour, et rendre hommage à son bonheur et à sa puissance. Mais après qu'il l'eut admis à son audience, et qu'il eut entendu ses discours, selon lui, plus forts que ceux des ambassadeurs d'Athènes, et plus simples que ceux des Lacédémoniens (c'était beaucoup dire), il l'aima encore davantage; et, comme il est assez ordinaire aux rois, qui savent peu se

contraindre, il ne dissimula point l'extrême
considération qu'il avait pour lui, et la
préférence qu'il lui donnait sur tous les
autres.

Pélopidas, en habile politique, avait fait
sentir au roi de quelle importance il était
pour les intérêts de sa couronne de protéger une puissance naissante qui n'avait
jamais porté les armes contre les Perses,
et qui, formant une espèce d'équilibre
entre Sparte et Athènes, pouvait faire une
utile diversion contre ces deux républi-
ques, ennemies perpétuelles et irréconciliables de la Perse, et qui, tout récemment
encore, lui avait causé tant d'inquiétudes et de dommages. Timagore, Athénien, fut le mieux reçu après lui, parce
que, fortement occupé du desir d'humilier
Sparte et aussi deplaire au roi, il avait paru
ne pas s'éloigner des vues de Pélopidas.

Le roi ayant pressé Pélopidas de marquer quelle faveur il voulait de lui, il
demanda « que Messène demeurât libre
« et affranchie du joug de Lacédémone ;
« que les Athéniens, qui s'étaient mis en
« mer pour infester les côtes de la Béotie,
« retirassent leurs galères, ou qu'on leur

« déclarât la guerre; que ceux qui ne vou-
« draient pas entrer dans la ligue, ou
« marcher contre les réfractaires, fussent
« attaqués les premiers. » Tout cela fut
ordonné, et les Thébains déclarés amis
et alliés du roi. Lorsqu'on fit la lecture
de ce décret aux ambassadeurs, Léon,
collègue de Timagore, dit assez haut pour
qu'Artaxerxe pût l'entendre : Athènes n'a
qu'à chercher maintenant un autre allié que
le roi.

Pélopidas, après avoir obtenu tout ce qu'il
pouvait souhaiter, partit de la cour sans
avoir accepté de tous les présens du roi que
ce qu'il fallait pour porter chez lui une marque de sa faveur et de sa bienveillance ; et
ce fut ce qui aggrava les plaintes qu'on fit
contre les autres ambassadeurs des Grecs,
qui n'avaient pas été si réservés ni si déli-
cats sur l'article de l'intérêt. Un d'eux,
c'était celui des Arcadiens, de retour chez
lui, dit qu'il avait vu à la cour du roi
force esclaves, mais point d'hommes. Il
ajoutait que toute sa magnificence n'était
qu'une vaine montre, et que le platane
d'or*, tant vanté, et que l'on faisait si fort

* C'était un arbre d'or, travaillé avec beau-

valoir, ne pouvait pas faire ombre à une cigale.

De tous les députés, Timagore était celui qui avait reçu le plus de présens. Il n'accepta pas seulement de l'or et de l'argent; mais il prit encore un lit magnifique et des esclaves pour le faire, les Grecs ne lui paraissant pas assez adroits pour ce ministère; ce qui marque que la mollesse et les délices étaient peu connues à Athènes. Il reçut aussi quatre-vingts vaches et des esclaves pour les soigner, comme ayant besoin de prendre du lait pour quelque maladie. Enfin, à son départ, il se fit porter en chaise jusqu'à la mer aux dépens du roi, qui donna quatre talens à ses porteurs. Quand il fut arrivé à Athènes, Léon, son collègue, l'accusa de n'avoir eu aucune communication avec lui, et de s'être joint en tout à Pélopidas. On lui fit son procès, et il fut condamné à mort.

Il ne paraît pas que ce fut l'acceptation des présens qui irrita le plus les Athéniens contre Timagore; car Epicrate, simple por-

coup d'art, qui était d'un grand prix, et qu'on allait voir par curiosité.

Refaix qui avait été du voyage, et qui avait aussi reçu des présens, ayant dit en pleine assemblée qu'il était d'avis qu'on fît un décret par lequel il serait ordonné qu'au lieu de neuf archontes qu'on élisait tous les ans, on élirait neuf ambassadeurs qu'on prendrait parmi les plus pauvres du peuple, et qu'on les enverrait au roi, afin qu'ils en revinssent riches ; le peuple ne fit que rire de cette plaisanterie. Mais ce qui le piqua davantage fut que les Thébains avaient obtenu tout ce qu'ils avaient demandé : en quoi, dit Plutarque, ils ne considéraient pas assez la grande réputation de Pélopidas, et ne comprenaient pas combien elle était plus forte et plus efficace pour persuader, que toutes les harangues et tous les traits de rhétorique des autres ambassadeurs, surtout auprès d'un prince accoutumé à caresser et à ménager les plus forts, et les Thébains pour lors l'étaient sans contredit ; et d'ailleurs il n'était pas fâché d'humilier Sparte et Athènes, anciennes et mortelles ennemies de son trône.

L'estime et la considération que les Thébains avaient pour Pélopidas ne furent pas peu augmentées par l'heureux succès de cette ambassade, qui avait procuré l'affranchissement des Grecs et le rétablissement de Messène; et il en fut extrêmement loué à son retour.

Le théâtre où le courage de Pélopidas parut avec le plus d'éclat fut la Thessalie, dans l'expédition dont il fut chargé par les Thébains contre Alexandre, tyran de Phères. Je la rapporterai de suite, en réunissant sous un seul point de vue tout ce qui regarde ce grand évènement; et je n'en interromprai le récit que par le voyage que fit Pélopidas en Macédoine, dans ce même temps, pour y apaiser les troubles dont la cour était agitée.

§ VI. L'affaiblissement de Sparte et d'Athènes, qui depuis tant d'années étaient en possession de dominer sur toute la Grèce, ou toutes deux ensemble', ou séparément, avait inspiré le desir et fait naître l'espérance à quelques peuples voisins, de supplanter ces deux villes, et de s'arroger la primauté. Il s'était élevé dans la Thessalie une puissance qui commençait à devenir formidable. [Av. J.-C. 370.] Jason, tyran de Phères, avait été déclaré généralissime des

Thessaliens, du commun consentement de tous les peuples de la province; et c'était à son mérite, généralement reconnu, que cette dignité avait été accordée. Il était à la tête d'une armée composée de plus de huit mille chevaux, et de vingt mille hommes pesamment armés, sans compter ceux qui étaeint armés à la légère. Que n'aurait-il point pu entreprendre avec des troupes aguerries et intrépides comme étaient les siennes, et qui avaient une entière confiance dans la valeur et la prudence de leur chef? La mort arréta ses desseins; il fut assassiné par des particuliers qui avaient conspiré sa perte.

Ses deux frères, Polydore et Polyphron, furent substitués à sa place. Celui-ci, pour régner seul, tua Polydore, et bientôt après fut tué lui-même par Alexandre de Phères, qui s'empara de la tyrannie, sous prétexte de venger la mort de Polydore, son père. (Av. J.-C. 369.) C'est contre lui que Pélopidas fut envoyé.

Comme ce tyran faisait ouvertement la guerre à plusieurs peuples de Thessalie, et s'ouvrait secrètement un chemin pour les assujétir tous, les villes envoyèrent à

Thèbes des ambassadeurs pour demander des troupes et un général. Pélopidas, voyant Epaminondas occupé dans le Péloponèse, se chargea volontiers de cette expédition. Il part donc pour la Thessalie avec une armée, se rend maître de Larisse, et oblige Alexandre de venir à ses pieds. Là il travaille par douceur et par amitié à le changer, et à le faire devenir de tyran un prince humain et juste. Mais, le trouvant incorrigible et d'une brutalité sans exemple, et voyant qu'on se plaignait tous les jours de sa cruauté, de ses débauches et de son avarice insatiable, il commença à employer contre lui de vifs reproches et de fortes menaces. Le tyran, alarmé, se dérobe avec ses gardes; et, Pélopidas, laissant les Thessaliens à couvert des entreprises du tyran, et en bonne intelligence les uns avec les autres, prend le chemin de la Macédoine, où on l'appelait.

Amyntas II venait de mourir. Il avait laissé trois enfans légitimes, Alexandre, Perdiccas, Philippe, et un fils naturel, appelé Ptolémée. Alexandre ne régna qu'un an, et eut pour successeur Perdiccas, à qui son frère Ptolémée disputa la cougonne *. Ces deux frères appelèrent Pélopidas pour le faire l'arbitre et le juge de leurs querelles, ou pour le prier d'embrasser le parti de celui qui aurait raison et à qui on aurait fait injustice.

Pélopidas n'est pas plus tôt arrivé qu'il termine tous leurs différends, et rétablit les bannis de part et d'autre. Ayant pris pour otages Philippe, frère du roi Perdiccas, et trente autres enfans des plus grandes maisons de la Macédoine, il les mène à Thèbes pour faire voir aux Grecs jusqu'où s'étendait l'autorité des Thébains par la réputation de leurs forces et par la confiance entière que l'on avait en leur justice et en leur fidélité. Ce fut ce Philippe, père d'Alexandre-le-Grand, qui, dans la suite, fit la guerre aux Grecs pour les asservir.

Les troubles et les factions recommencèrent, quelques années après, dans la Macédoine, à l'occasion de la mort de Per-

* » Plutarque met cette querelle entre Alexandre et Ptolémée ; ce qui ne peut s'accorder avec le récit qu'Eschine (*de fals. Leg.*, p. 400) fait de ce qui arriva à Perdiccas après la mort d'Alexandre, et que je rapporterai dans l'histoire de Philippe. Comme Eschine était contemporain, j'ai cru devoir substituer Perdiccas à Alexandre.

diccas, qui avait été tué dans une bataille.
Les amis du mort appelèrent Pélopidas.
Celui-ci, voulant arriver avant que Ptolémée, qui entreprenait encore de s'établir
sur le trône, eût le temps de se reconnaître, et n'ayant point d'armée, leva à la
hâte des soldats mercenaires, et avec ces
troupes il marcha contre Ptolémée. Quand
ils furent en présence, Ptolémée, à force
d'argent, corrompit ces soldats mercenaires, et les obligea à passer de son côté. En
même temps, craignant la réputation et le
nom de Pélopidas, il alla au-devant de lui
comme au-devant de son supérieur et de
son maître, eut recours aux caresses et aux
prières, et promit solennellement qu'il gar-
derait le royaume pour le fils du défunt;
qu'il reconnaîtrait pour amis et pour ennemis tous ceux qui le seraient des Thébains;
et, pour sûreté de ses promesses, il donna
en otage son fils Philoxène et cinquante
jeunes enfans qui étaient nourris avec lui.
Pélopidas les envoya à Thèbes.

La trahison des soldats mercenaires lui
tenait fort au cœur. Il apprit qu'ils avaient
retiré dans la ville de Pharsale * la plus

» Ville de Thessalie.

grande partie de leurs biens avec leurs femmes et leurs enfans. Il jugea que c'était une belle occasion de se venger de leur perfidie. Il assemble donc quelques troupes de Thessaliens, et marche à Pharsale. A peine y est-il arrivé, que le tyran Alexandre se présente devant lui avec une puissante armée. Pélopidas, qui avait été envoyé vers lui comme ambassadeur, croyant qu'il venait pour se justifier et pour répondre aux plaintes des Thébains, va à lui avec Isménias seul, sans autre précaution. Ce n'est pas qu'il ne le connût pour un scélérat et pour un homme sans foi et sans honneur; mais il se flattait que le respect qu'il aurait pour Thèbes, et la considération de sa dignité et de sa réputation, l'empêcheraient de rien entreprendre contre sa personne. Il fut trompé : le tyran, les voyant seuls et sans armes, les prend prisonniers, et se saisit de Pharsale.

Polybe blâme extrêmement cette imprudence de Pélopidas. Il y a, dit-il, dans le commerce de la société, des assurances et comme des liens de la bonne foi, sur lesquels on peut raisonnablement compter : tels sont la sainteté du serment, le gage de

femmes et d'enfans livrés en otage, et, plu
que tout cela encore, la conduite passée e
uniforme de ceux avec qui l'on traite.
Quand, malgré toutes ces preuves, on es
trompé, c'est un malheur, mais non un
faute. Mais se fier à un perfide et à un scé
lérat connu pour tel, c'est une témérité qu
n'est point pardonnable.

Cette noire perfidie d'Alexandre rempli
de terreur et de défiance l'esprit de tou
ses sujets, qui se doutèrent bien qu'aprè
une injustice si criante et une si grande au
dace, le tyran n'épargnerait plus personne
et se comporterait en toutes rencontres, e
contre toutes sortes de gens, en homme
désespéré et qui n'avait plus rien à ménager. Quand on eut appris cette nouvelle à
Thèbes, les Thébains, irrités d'un si crimi
nel attentat, envoyèrent sur-le-champ une
armée en Thessalie; et, comme ils étaien
fâchés contre Epaminondas, qu'ils soup-
çonnaient, quoique sans raison, d'avoir éto
dans une occasion particulière trop favorable aux Lacédémoniens, ils nommèrent
d'autres généraux : ainsi il n'alla à cette
expédition que comme simple particulier.
L'amour de la patrie et du bien public

étouffait dans le cœur de ces grands hommes tout ressentiment, et ne leur permettait pas, comme cela n'est que trop ordimaire, de quitter le service pour quelque pique d'honneur, ou pour un mécontentement personnel.

Le tyran mène cependant Pélopidas à Phères, et les premiers jours il permet à tout le monde de le voir, s'imaginant que cette aventure aurait humilié sa fierté et abattu son courage. Mais Pélopidas, voyant les habitans de Phères tout consternés, ne cessait de les consoler et de les exhorter à avoir bonne espérance, leur promettant que le tyran serait bientôt puni. Il lui fit dire à lui-même qu'il était bien imprudent et bien injuste de tourmenter et de faire mourir tous les jours tant de bons citoyens qui ne lui avaient fait aucun mal, et de l'épargner, lui, sachant qu'il ne serait pas plus tôt sorti de ses mains, qu'il lui ferait porter la peine due à ses crimes. Le tyran, étonné de cette grandeur d'ame, lui ayant fait demander pourquoi il cherchait ainsi la mort : « C'est lui fit dire son illustre prisonnier, afin que tu périsses d'autant plus tôt, devenu encore plus l'ennemi des dieux et des hommes.»   13.

Depuis ce jour-là le tyran défendit que personne le vît et lui parlât. Mais Thébé, sa femme, et fille de Jason, qui avait été aussi tyran de Phères, ayant appris la constance et le courage de Pélopidas, sur le rapport de ceux qui le gardaient, eut la curiosité de le voir et de l'entretenir; et Alexandre ne put lui refuser cette permission. Il l'aimait tendrement (si pourtant on peut dire qu'un tyran aime quelqu'un); mais, malgré cette tendresse, il la traitait fort durement, et était dans une défiance continuelle même à son égard. Il n'entrait jamais dans son appartement que précédé d'un esclave qui tenait à la main une épée nue; et il envoyait auparavant quelques-uns de ses gardes fouiller dans tous les coffres, pour voir si l'on n'y trouverait point quelque poignard caché. Malheureux prince! s'écrie Cicéron, qui se fiait plus à un esclave et à un barbare qu'à sa propre femme!

Thébé eut donc envie de voir Pélopidas. Elle le trouva dans un triste état, couvert d'un méchant habit, les cheveux fort négligés, et dénué de toute consolation. Ne pouvant retenir ses larmes à un tel spectacle, « Ah! s'écria-t-elle, infortuné Pé-

opidas, que je plains votre pauvre femme !
Non, lui répliqua-t-il, c'est vous-même qui
êtes à plaindre, Thébé, de pouvoir souffrir un monstre comme Alexandre, n'étant
point sa prisonnière. » Ce mot toucha Thébé jusqu'au vif; car elle ne supportait qu'a-
vec beaucoup de peine la cruauté, les violences et les débauches infâmes du tyran.
C'est pourquoi, allant souvent voir Pélopidas, et se plaignant librement devant lui
de tous les outrages qu'elle souffrit, elle
s'aigrissait de plus en plus contre son mari,
et sentait croître dans son cœur de jour
en jour les sentimens de haine et le desir
de se venger.

Les généraux des Thébains, qui venaient d'entrer dans la Thessalie, n'y
firent rien, et furent obligés, par leur
incapacité et leur mauvaise conduite, d'a-
bandonner le pays. Le tyran les poursuivit
dans leur retraite, les harcela honteusement, et leur tua beaucoup de monde.
Toute l'armée aurait été défaite, si les soldats n'eussent obligé Epaminondas, qui
était parmi eux comme particulier, de
prendre le commandement. Epaminondas,
avec la cavalerie et l'infanterie armée à la

légère, se mit à l'arrière-garde. Posté de la
sorte, tantôt soutenant l'ennemi, tantôt le
chargeant à son tour, il acheva heureusement la retraite, et sauva les Béotiens. Les
généraux, à leur retour, furent condamnés
à une amende de dix mille dragmes, et
Epaminondas substitué à leur place. Uniquement occupé du bien public, il oubliait
l'injuste traitement et l'espèce d'affront
qu'on venait de lui faire ; il en fut bien dédommagé par la gloire qu'une conduite si
généreuse et si désintéressée lui attira.

Il partit peu de jours après à la tête de
l'armée, et entra en Thessalie. Sa réputation l'y avait précédé. Elle avait déja répandu dans tout le pays et la terreur et la
joie : la terreur parmi les amis du tyran,
que le seul nom d'Epaminondas effrayait :
la joie parmi les peuples, dans l'assurance
où ils étaient que bientôt ils seraient délivrés du joug de la tyrannie, et le tyran puni
de tous les crimes qu'il avait commis. Mais
Epaminondas, préférant le salut de Pélopidas à sa propre gloire, au lieu de pousser
la guerre vivement comme il l'aurait pu,
prit le parti de la tirer en longueur, dans la
crainte que le tyran, réduit au désespoir,

ne tournât, comme une bête féroce, toute
sa rage contre son prisonnier; car il connaissait sa violence et sa brutalité, qui
n'écoutait ni la raison, ni la justice. Il savait qu'il prenait plaisir à faire enterrer
des hommes tout vifs; qu'il en couvrait
d'autres de peaux de sangliers et d'ours,
et que lâchant sur eux ses chiens de chasse,
il les faisait déchirer, ou les tuait à coups
de flèches. C'étaient là ses jeux et ses di-
vertissemens. Dans les villes de Mélidée et
de Scotuse, qui lui étaient alliées, il convoqua à une assemblée les citoyens, et les fit
environner par ses gardes, qui égorgèrent
devant lui toute leur jeunesse.

Un jour qu'il entendait un acteur de réputation, qui jouait les Troades d'Euripide,
il sortit promptement du théâtre, et envoya dire à cet acteur qu'il ne s'alarmât
point; que, s'il sortait, ce n'était point
qu'il fût mécontent de lui, mais parce
qu'il avait honte que ses concitoyens le
vissent pleurer des malheurs d'Hécube et
d'Adromaque, lui qui n'avait jamais eu
pitié de ceux qu'il avait égorgés.

S'il était peu susceptible de compassion,
il le fut bien ici de crainte et de frayeur.

Etonné de la prompte arrivée d'Epaminondas, et ébloui de la majesté qui l'environnait, il se hâta de lui envoyer des gens pour se justifier. Epaminondas ne put souffrir que les Thébains fissent ni paix ni alliance avec un si méchant homme. Il lui accorda seulement une trève de trente jours; et, après avoir retiré de ses mains Pélopidas et Isménias, il ramena ses troupes.

La crainte n'est pas un maître dont les leçons fassent une profonde et durable impression sur les esprits. Le tyran de Phères retourna bientôt à son naturel. Il ruina plusieurs villes de Thessalie, et mit garnison dans celles des Phthiotes, des Achéens et des Magnésiens. Ces villes députèrent à Thèbes pour demander un secours de troupes, priant qu'on en donnât le commandement à Pélopidas; ce qui leur fut accordé. Celui-ci était près de partir, lorsque tout à coup le soleil vint à s'éclipser, et les ténèbres à couvrir en plein la ville de Thèbes. L'épouvante et la consternation furent générales. Pélopidas savait bien ce qu'il fallait penser de cet évènement, qui n'avait rien que de naturel;

mais il ne crut pas devoir exposer sept mille Thébains malgré eux, ni les contraindre à partir dans la frayeur dont il les voyait saisis. Il se donna seul aux Thessaliens ; et, prenant avec lui trois cents chevaux thébains ou étrangers, qui voulurent le suivre, il partit malgré la défense des devins, et contre l'avis des plus sages.

Il était personnellement animé contre Alexandre par le ressentiment des outrages qu'il en avait reçus. Ce que Thébé, sa femme, lui avait dit, et ce qu'il savait par lui-même du mécontentement universel où l'on était à son égard, lui faisait espérer qu'il trouverait de grandes brouilleries dans sa maison et une disposition générale à la révolte. Mais ce qui l'excitait et l'enflammait encore plus, c'était la beauté et la grandeur de l'action en elle-même ; car tous ses desirs et toute son ambition étaient de faire voir à tous les Grecs que, dans le même temps que les Lacédémoniens envoyaient à Denys le tyran des généraux et des officiers, et que, d'un autre côté, les Athéniens étaient comme à la solde d'Alexandre et lui avaient érigé une statue de bronze comme à leur bienfaiteur, les Thébains étaient les seuls qui déclarassent une guerre ouverte à la tyrannie, et qui entreprissent d'exterminer parmi les Grecs tout gouvernement injuste et violent.

Après avoir donc assemblé son armée à Pharsale, il marcha contre le tyran. Celui-ci voyant que Pélopidas n'avait que peu de Thébains, et que lui il avait une infanterie plus forte du double que celle des Thessaliens, il alla à sa rencontre. Quelqu'un ayant dit à Pélopidas que le tyran venait à lui avec une grosse armée, « Tant mieux ! lui répondit-il, nous en battrons un plus grand nombre. »

Il y avait, près du lieu qu'on appelle Cynocéphales, des collines fort élevées et fort droites, situées au milieu de la plaine. Les deux partis s'ébranlent pour faire occuper ces collines par leur infanterie ; et en même temps Pélopidas ordonne à sa cavalerie de charger celle des ennemis. Cette cavalerie de Pélopidas enfonça celle d'Alexandre ; et, comme elle la poursuivait dans la plaine, on vit tout-à-coup Alexandre sur le haut des collines, qui avait devancé l'infanterie des Thessaliens, et qui, tombant rudement sur ceux qui voulaient forcer ces hauteurs et ces retranchemens, tuait les plus avancés et repoussait les autres, et à force de blessures les obligeait de reculer. Ce que voyant Pélopidas, il rappela sa cavalerie, lui commanda de fondre sur les ennemis; et, prenant son bouclier, il courut à ceux qui combattaient sur les collines.

Il eut bientôt percé son infanterie; et, passant dans un moment de la queue à la tête, il redonna à ses gens une telle vigueur et un tel courage, que les ennemis crurent que c'étaient des hommes frais qui les attaquaient. Ils soutinrent deux ou trois charges sans s'ébranler : mais, lorsqu'ils virent que cette infanterie poussait toujours en avant, et que la cavalerie, revenue de sa poursuite, venait la soutenir, ils commencèrent à lâcher pied, en se retirant à pas lents, et faisant toujours face. Alors Pélopidas, voyant de dessus les hauteurs toute l'armée ennemie, qui véritablement n'avait pas encore pris la fuite, mais qui commençait à plier et à se mettre en désordre, il s'arrêta et se retint quelque temps, cherchant des yeux Alexandre.

Dès qu'il l'eut aperçu à son aile droite, où il ralliait et encourageait ses troupes mercenaires, il ne fut plus maître de lui-même ; mais, enflammé à cette vue, et abandonnant à son ressentiment seul le soin de sa vie et toute la conduite de l'af-faire, il devança de bien loin ses bataillons, et courut de toute sa force en appelant et défiant Alexandre. Le tyran ne répondit point à son défi, et n'osa l'attendre ; mais alla se cacher dans le bataillon de ses gar-des. Ce bataillon tenant d'abord ferme, les premiers rangs furent enfoncés par Pélo-pidas, et la plupart des gardes tués sur la place. Les autres, se battant de loin, per-cèrent enfin ses armes, et lui enfoncèrent leurs javelots dans l'estomac. Les Thessa-liens, alarmés du péril où ils le voyaient, accoururent du haut des collines à son se-cours ; mais il était déja tombé mort quand ils arrivèrent. Alors l'infanterie et la cava-lerie thébaines, retournant sur le corps de bataille, le mirent en déroute, le poursui-virent fort loin, et couvrirent la plaine de morts ; car ils tuèrent plus de trois mille hommes.

Cette action de Pélopidas, quoiqu'elle

semble partir d'un grand fonds de valeur, n'est point excusable, et elle a été généralement condamnée, parce qu'il n'y a point de véritable valeur sans sagesse et sans prudence. Le courage, quand il est grand, est froid et tranquille ; il se ménage où il faut, et s'expose où il est nécessaire. Un général doit voir tout, penser à tout ; et, pour être en état de remédier à tout, il ne se jette pas témérairement dans un danger où il peut être enveloppé et causer par sa mort la perte de toute l'armée.

Euripide, après avoir dit dans une de ses pièces qu'il est très glorieux à un général d'armée de remporter la victoire en sauvant sa vie, ajoute que, « s'il doit mourir, ce doit être en laissant sa vie entre les mains de la vertu : » comme pour faire entendre que la vertu seule, non la passion, ni la colère, ni la vengeance, a droit sur la vie d'un général ; et que le premier devoir du courage est de sauver celui qui sauve les autres.

C'est ce qui doit faire estimer le beau mot de Timothée. Un jour que Charès montrait aux Athéniens les blessures qu'il avait reçues pendant qu'il était leur général, et son bouclier qui avait été percé d'une pique, « Et moi, reprit Timothée, quand j'assiégeais Samos, un trait étant venu tomber assez près de moi, j'en fus bien honteux, comme m'étant exposé en jeune homme, sans nécessité, et plus qu'il ne convenait au chef d'une si grande armée. » Annibal certainement ne peut pas être soupçonné de timidité : on a remarqué que, dans un si grand nombre de combats qu'il livra, il ne reçut jamais aucune blessure, si ce n'est au siège de Sagonte.

C'est donc avec raison qu'on reproche à Pélopidas d'avoir sacrifié à sa valeur toutes ses autres vertus en prodiguant ainsi sa vie, et d'être mort plutôt pour lui-même que pour sa patrie.

Jamais capitaine ne fut plus regretté que lui. Sa mort convertit en deuil la victoire qui venait d'être remportée; un morne silence et un déconcertement général régnaient dans l'armée comme si elle eût été entièrement défaite. Quand on transporta son corps à Thèbes, on vit sortir de toutes les villes qui étaient sur le passage les enfans, les jeunes gens, les vieillards, les magistrats, les prêtres, qui allaient au-devant du cercueil , portant avec eux des couronnes, des trophées et des armures toutes d'or. Les Thessaliens , pénétrés en même temps de la plus sensible douleur et de la plus vive reconnaissance , demandè- rent par grace qu'il leur fût permis de cé- lébrer seuls et à leurs dépens les obsèques d'un général qui s'était dévoué pour leur salut, et l'on ne put refuser à leur zèle cet honorable privilège.

Ses funérailles furent magnifiques, sur- tout par la douleur sincère, tant des Thé- bains que des Thessaliens ; car , dit Plutar- que , cette pompe extérieure de deuil, et ces marques de douleur qui sont de com- mande, et que l'autorité publique impose aux peuples , ne sont pas toujours des preuves certaines de leurs vrais sentimens. Des larmes qui coulent en particulier comme en public, des regrets que montrent également les grands et les petits , des louanges qu'une voix générale et persévé- rante accorde à un homme qui n'est plus , et de qui l'on n'attend plus rien , sont un témoignage non suspect et un hommage qui ne se rend qu'à la vertu. Telles furent les obsèques de Pélopidas , et je ne sais si l'on peut rien imaginer de plus grand ni de plus magnifique.

Thèbes ne se contenta pas de pleurer Pélopidas, elle songea à le venger. Elle envoya sur-le-champ contre Alexandre un petit corps d'armée de sept mille hommes de pied et de sept cents chevaux. Le tyran, encore tout consterné de sa défaite, n'était pas en état de se défendre. On l'obligea de rendre aux Thessaliens les villes qu'il leur avait prises ; de laisser les Magnésiens, les Phthiotes, les Achéens en liberté ; de retirer ses garnisons de leur pays ; et de jurer qu'il obéirait toujours aux Thébains, et qu'il marcherait sous leurs ordres contre tous leurs ennemis.

C'était une punition bien légère. Aussi, dit Plutarque, ne parut-elle pas aux dieux suffisante, ni proportionnée à ses crimes ; ils lui en réservaient une digne d'un tyran. Thébé, sa femme, qui voyait avec horreur et détestait la cruauté et la perfidie de son mari, et qui n'avait pas oublié les leçons et les avis que lui avait donnés Pélopidas pendant qu'il était en prison, fait avec ses trois frères un complot de le tuer. Tout le palais du tyran était rempli de gardes qui veillaient toute la nuit : mais il ne s'y fiait pas; et comme sa vie était en quelque sorte entre leurs mains, il les craignait plus que le reste des hommes. Il couchait dans une chambre haute, où l'on montait par une échelle, qui apparemment se retirait quand il y était entré. Près de cette chambre était posté un gros dogue enchaîné pour y faire la garde. Il était terrible, et ne connaissait que le maître, la maîtresse, et le seul esclave qui lui donnait à manger.

Le temps pris pour l'exécution étant venu, Thébé enferme ses frères pendant le jour dans une chambre voisine. Quand le tyran fut entré de nuit dans la sienne, comme il était chargé de viande et de vin, il s'endormit sur-le-champ d'un profond sommeil. Thébé sort un moment après, ordonne à l'esclave d'emmener le chien dehors, parce que son mari voulait dormir en repos; et, de peur que l'échelle, par où il fallait monter, ne fît du bruit quand ses frères monteraient, elle couvrit de laine les échelons. Tout étant ainsi préparé, elle fait monter tout doucement ses frères armés de poignards. Arrivés à la porte, la frayeur les saisit, et ils n'osent avancer. Thébé, toute hors d'elle-même, les menace d'éveiller sur-le champ Alexandre, et de lui déclarer leur complot. La honte et la crainte les raviment; elle les fait entrer, les mène près du lit, tient elle-même la lampe. Ils frappent le tyran à grands coups de poignards, et le tuent. La nouvelle de sa mort se répand bientôt dans toute la ville. Son cadavre est exposé à toutes sortes d'outrages, foulé aux pieds par ses sujets, et livré en proie aux chiens et aux vautours : digne salaire de toutes ses violences et de toutes ses cruautés !

§ VII [Av. J.-C. 363.] La prospérité extraordinaire de Thèbes n'était pas un petit sujet d'alarme pour les peuples voisins. Tout était alors en mouvement dans la Grèce. Il s'y éleva une nouvelle guerre entre les Arcadiens et les Éléens, qui en produisit une autre entre les Arcadiens eux-mêmes. Ceux de Tégée appelèrent à leur secours les Thébains, et ceux de Mantinée les Lacédémoniens et les Athéniens. Il y avait encore, des deux côtés, quelques autres alliés. Les premiers donnèrent le commandement de leurs troupes à Épaminondas. Il entra aussitôt dans l'Arcadie, et se campa à Té-

gée, dans le dessein d'attaquer les Mantinéens, qui avaient quitté l'alliance de Thèbes pour embrasser celle de Sparte.

Ayant été averti qu'Agésilas s'était mis
en marche avec des troupes, et qu'il s'a-
vançait vers Mantinée, il forma une entreprise qu'il croyait capable d'éterniser son
nom, et d'abattre entièrement la puissance
des ennemis. Il part de Tégée pendant la
nuit avec son armée, à l'insu des Mantinéens,
et marche droit à Sparte par un chemin différent de celui que tenait Agésilas. Il aurait
certainement pris d'emblée la ville, qui était
sans murs, sans défense et sans troupes;
mais, heureusement pour Sparte, un Cré-
tois ayant informé en diligence Agésilas de
ce qui se passait, celui-ci dépêcha sur l'heure
un cavalier pour avertir la ville du danger
qui la menaçait, et il y arriva lui-même
bientôt après.

Il y était à peine arrivé, que l'on vit les
Thébains passer l'Eurotas, et marcher contre
la ville. Épaminondas, qui vit son dessein
découvert, crut cependant ne devoir pas se
retirer sans avoir fait une tentative. Il s'a-
vance donc avec ses troupes, et, employant
le courage au lieu de la ruse, il attaque la

ville par différens côtés, perce jusque dans la place publique, et s'empare de cette partie de Sparte qui était du côté du fleuve. Agésilas fait face partout, et se défend avec beaucoup plus de valeur qu'on n'en devait attendre de son âge, Il vit bien que ce n'était pas alors, comme la première fois, le temps de se ménager et de se précautionner seulement, mais qu'il fallait payer d'audace, et combattre en désespéré : moyens dont il ne s'était jamais servi, et dans lesquels il n'avait jamais mis sa confiance, mais qu'il employa alors fort utilement pour repousser ce danger; car, par ce beau désespoir et cette sage audace, il arracha sa ville des mains d'Épaminondas. Son fils Archidamus, à la tété de la jeunesse spartaine, se portait avec un courage incroyable partout où le danger était le plus grand, et avec sa petite troupe arrêtait partout l'ennemi et lui faisait tête.

Un jeune Spartiate, nommé Isadas, se distingua particulièrement dans cette journée. Il était très beau de visage, parfaitement bien fait, d'une taille avantageuse, et dans la fleur de l'âge. Il était sans armes et sans habits, le corps tout reluisant d'huile, et tenant d'une main une pique, et de l'autre une épée. En cet état, il s'élance impétueusement hors de sa maison; et, fendant la presse des Spartiates qui combattaient, il se jette sur les ennemis, porte partout des coups mortels, et renverse à ses pieds tout ce qui s'oppose à lui, sans recevoir lui-même aucune blessure, soit que les ennemis fussent effrayés d'un si étonnant spectacle, soit, dit Plutarque, que les dieux prissent plaisir à le préserver à cause de sa grande valeur. On dit qu'après le combat les éphores lui décernèrent une couronne pour honorer ses exploits; mais qu'ensuite ils le condamnèrent à une amende de mille dragmes, pour avoir osé s'exposer sans armes à un si grand danger.

Épaminondas, ayant manqué son coup, prévoyant que les Arcadiens ne manqueraient pas d'accourir au secours de Sparte, et ne voulant pas les avoir en même temps sur les bras avec toutes les forces de Lacédémone, retourna en diligence à Tégée. Les Lacédémoniens et les Athéniens, avec leurs alliés, l'y suivirent de près.

Ce général, considérant que son commandement allait expirer, et que, s'il ne combattait, c'en était fait de sa réputation, et qu'aussitôt après sa retraite les ennemis tomberaient sur les alliés de Thèbes et les écraseraient, ordonna à ses troupes de se tenir prêtes pour le combat.

Jamais les Grecs n'avaient combattu entre eux avec des troupes plus nombreuses. L'armée des Lacédémoniens était composée de plus de vingt mille hommes de pied, et de deux mille chevaux ; celle des Thébains, de trente mille hommes de pied, et de près de trois mille chevaux. A l'aile droite des premiers étaient placés sur une même ligne les Mantinéens, les Arcadiens et les Lacédémoniens ; au centre, les Éléens et les Achéens, qui étaient les plus faibles de leurs troupes ; les Athéniens formaient seuls l'aile gauche. Dans l'autre armée, les Thébains avec les Arcadiens étaient à l'aile gauche ; les Argiens, à la droite ; les autres alliés composaient le centre. De part et d'autre la cavalerie était répandue sur les ailes.

Le général thébain fit sa marche dans le même ordre de bataille dans lequel il voulait combattre, pour n'être pas obligé, en arrivant en présence de l'ennemi, de perdre dans la disposition des troupes un temps

qu'on ne saurait trop ménager dans les grandes entreprises.

Il n'alla pas droit et de front aux ennemis, mais marchant toujours par sa gauche
sur une colonne, le long des hauteurs, pour
leur faire croire qu'il ne pensait pas à combattre ce jour-là. Quand il fut vis-à-vis
d'eux, environ à un quart de lieue, il fit
halte, et fit mettre bas les armes à ses troupes, comme s'il avait eu dessein de camper
là. Les ennemis, en effet, y furent trompés;
et, ne comptant plus sur le combat, ils quit-
tèrent leurs armes, se dispersèrent dans le
camp, et laissèrent éteindre certaine ardeur
qui s'allume et s'enflamme dans le cœur
des soldats à la vue prochaine d'une bataille.

Cependant Épaminondas, ayant tout d'un
coup, par un quart de conversion à droite,
converti sa colonne en ligne, et ayant tiré
de la tête de sa colonne les meilleures troupes
qu'il y avait placées exprès dans la marche,
les replia sur le front de son aile gauche
pour la fortifier et la mettre en état d'attaquer en pointe la phalange lacédémonienne,
laquelle, par le mouvement qu'il venait de
faire, s'y trouvait directement opposée. Il

ordonna au centre et à l'aile droite de son armée de marcher très lentement, et de faire halte avant que d'être à portée de l'ennemi, pour ne point risquer la victoire par des troupes sur lesquelles il ne pouvait pas compter.

Il prétendait décider de tout le succès de la bataille par ce corps de troupes choisies, qu'il commandait en personne, et qu'il avait rangé en colonne pour choquer l'ennemi en pointe comme une galère, dit Xénophon. Il se tenait bien assuré que, s'il pouvait percer la phalange des Lacédémoniens, qui faisait la principale force des ennemis, il n'aurait pas de peine à mettre tout le reste en déroute, en chargeant avec ses troupes victorieuses tout ce qu'il trouverait à droite et à gauche.

Mais, afin d'empêcher les Athéniens, qui étaient à l'aile gauche, de venir au secours de leur aile droite dans l'attaque qu'il méditait, il avança hors de la ligne un détachement de cavalerie et d'infanterie, et les posta sur des hauteurs à portée du flanc des Athéniens, tant pour protéger sa droite, que pour leur donner de l'inquiétude, et leur faire craindre d'être pris eux-mêmes a

en flanc et en queue s'ils s'avançaient pour
soutenir leur droite:

Après avoir fait cette disposition de toutes
ses troupes, il s'ébranla pour tomber sur
les ennemis avec tout le poids de sa colonne.
Ils furent étrangement surpris lorsqu'ils virent Épaminondas s'avancer vers eux avec
sa phalange renforcée. Ils reprennent leurs
armes, brident leurs chevaux, et courent à
la hâte reprendre leurs rangs.

Pendant qu'Épaminondas marchait ainsi
vers l'ennemi, la cavalerie qui couvrait son
flanc gauche, la meilleure qui fût alors dans
la Grèce, toute composée de Thébains et de
Thessaliens, eut ordre d'attaquer la cavalerie ennemie. Le général thébain, à qui rien
n'échappait, avait habilement mêlé dans les
intervalles de sa cavalerie des archers, des
frondeurs et des gens de trait, afin qu'ils
commençassent à mettre le désordre dans
la cavalerie ennemie en l'accablant d'abord
d'une grêle de pierres, de flèches et de javelots. L'autre armée avait négligé de prendre
la même précaution. Elle avait fait une seconde faute non moins considérable, en donnant à ses escadrons autant de profondeur
que si c'avait été une phalange. Aussi cette

cavalerie ne put soutenir long temps l'effort de celle des Thébains. Après avoir fait plusieurs charges et souffert une grande perte, elle fut obligée de se retirer derrière son infanterie.

En même temps Épaminondas, avec son corps d'infanterie, avait attaqué la phalange lacédémonienne. Les troupes en vinrent aux mains de part et d'autre avec une ardeur incroyable, les Thébains et les Lacédémoniens étant résolus de périr plutôt que de céder à leurs rivaux la gloire des armes. Ils commencèrent à se battre avec la demi-pique; et, ces premières armes ayant été bientôt brisées par les efforts des combattans, ils mirent l'épée à la main. La résistance des deux côtés fut opiniâtre, et le carnage fort grand. Chacun, méprisant le danger, et ne cherchant qu'à se distinguer par quelque coup d'éclat, aimait mieux mourir dans son rang que de reculer d'un pas.

Cet acharnement réciproque ayant duré long-temps sans qu'on pût voir encore de quel côté tournerait la victoire, Epaminondas, pour la forcer à se déclarer pour lui, crut devoir faire un effort extraordi-

maire et payer de sa personne sans ménager sa vie. Il prend donc ce qu'il trouve
autour de lui de gens les plus braves et les
plus déterminés, en forme une troupe, se
met lui-même à leur tête, va fondre avec
impétuosité sur les ennemis, où la mêlée
était la plus vive, et du premier coup de
javelot qu'il lance il blesse le général des
Lacédémoniens. Sa troupe, à son exemple,
ayant blessé et tué tout ce qui se rencon-
trait, rompt et perce la phalange. Les Lacédémoniens, effrayés de la présence d'E-
paminondas, et accablés par le poids de
cette troupe intrépide, sont forcés de plier.
Le gros des Thébains, excité par l'exemple et le succès de leur général et de sa
troupe choisie, enfonce à droite et à gauche les ennemis et en fait un grand carnage. Mais quelques troupes des Lacédémoniens, s'apercevant qu'Epaminondas
s'abandonnait trop à son ardeur, se ral-
lient tout d'un coup, retournent contre lui,
et le chargent d'une grêle de traits. Pendant qu'il repousse une partie de ces traits,
qu'il évite et écarte les autres, et qu'il combat en héros pour assurer la victoire aux
siens, un Spartiate, nommé Callicrate, lui

porte avec son javelot un coup mortel dans la poitrine à travers sa cuirasse. Le bois du javelot ayant été brisé, et le fer qui était demeuré dans la plaie lui causant une douleur insupportable, il tombe aussitôt. Le combat recommence autour de lui avec une nouvelle fureur, les uns faisant tous leurs efforts pour le prendre vif, et les autres pour le sauver. Enfin les Thébains vinrent à bout de l'enlever, ayant mis en fuite les ennemis. Ils ne les poursuivirent qu'à une courte distance; et, étant revenus sur leurs pas, ils se contentèrent de demeurer maîtres du champ de bataille et des corps morts, sans profiter de leur victoire, et sans songer à rien entreprendre, comme s'ils eussent attendu l'ordre du général.

La cavalerie, consternée par l'accident d'Epaminondas, qu'elle croyait mort, et paraissant plutôt vaincue que victorieuse, négligea pareillement de pousser ses avantages, et retourna à son premier poste.

Pendant que tout ceci se passait à l'aile gauche des Thébains, la cavalerie athénienne attaqua celle des Thébains, qui était à l'aile droite. Mais comme celle-ci, outre la supériorité du nombre, avait l'avantage d'être secondée par l'infanterie légère mêlée dans ses intervalles, elle chargea rudement les Athéniens, et, les ayant accablés de traits, les rompit, et les obligea à prendre la fuite. Après les avoir repoussés et mis en désordre, au lieu de les poursuivre, elle jugea plus à propos de tourner ses armes contre l'infanterie des Athéniens. Elle la prit en flanc, l'ébranla et la poussa fort vivement. Dans le moment qu'elle était prête à prendre la fuite, le général de la cavalerie des Éléens, qui commandait un corps de réserve, voyant le danger où était cette phalange, accourut à son secours, chargea la cavalerie des Thébains qui ne s'attendaient à rien moins, les força de se retirer, et regagna sur eux tout l'avantage qu'ils avaient pris. Dans ce même temps, la cavalerie athénienne, qui avait d'abord été mise en déroute, voyant qu'on ne la poursuivait point, se rallia; et, au lieu de venir au secours de son infanterie maltraitée, elle alla attaquer le détachement que les Thébains avaient posté sur les hauteurs hors de la ligne, et le passa au fil de l'épée.

Après ces divers mouvemens, et cette alternative d'avantages et de pertes, toutes les troupes de part et d'autre demeurèrent dans l'inaction; et les trompettes des deux armées, comme de concert, sonnèrent en même temps la retraite. Les deux partis s'attribuèrent chacun la victoire, et dressèrent un trophée : les Thébains, parce qu'ils avaient défait l'aile droite, et qu'ils étaient demeurés maîtres du champ de bataille; les Athéniens, parce qu'ils avaient taillé en pièces le détachement : et, par ce point d'honneur chacun refusa d'abord de demander les corps morts; ce qui était chez les Anciens donner un aveu de sa défaite. Néanmoins les Lacédémoniens envoyèrent les premiers un héraut pour demander la liberté d'ensevelir les morts; et pour lors chacun ne songea plus qu'à rendre aux siens les derniers devoirs.

Tel fut le succès de la fameuse bataille de Mantinée. Xénophon, dans le récit qu'il en fait, et qui termine son histoire, avertit le lecteur de se rendre attentif à la disposition des troupes thébaines, et à ordre de bataille, qu'il décrit en homme savant dans la guerre et expérimenté; et M. le chevalier Follard, qui regarde avec raison Épaminondas comme un des généraux les plus accomplis que la Grèce ait portés, dans la description qu'il fait de cette bataille, ne craint point de la donner comme le chef-d'œuvre de ce grand capitaine.

On avait porté Epaminondas dans le camp. Les chirurgiens, après l'avoir examiné, déclarèrent que, dès qu'on aurait tiré le fer de la plaie, il expirerait. Cette parole remplit de trouble et de douleur tous les assistans : ils étaient inconsolables de voir mourir un si grand homme, et de le voir mourir sans enfans. Pour lui, la seule inquiétude qu'il témoigna fut sur ses armes, et sur le succès de la bataille. Quand on lui eut montré son bouclier, et qu'on l'eut assuré que les Thébains avaient remporté la victoire, alors se tournant vers ses amis avec un visage tranquille et serein, « Ne regardez pas, leur dit-il, ce jour-ci comme la fin de ma vie, mais comme le commencement de mon bonheur et le comble de ma gloire. Je laisse Thèbes triomphante, la superbe Sparte humiliée et la Grèce délivrée du joug de la servitude. Au reste, je ne compte point mourir sans enfans : Leuctres et Mantinée sont pour moi deux filles illustres, qui ne laisseront point périr mon nom. Après avoir ainsi parlé, il tira le fer de sa plaie, et rendit l'ame..

On peut dire avec vérité que la puissance de Thèbes expira en quelque sorte avec ce grand homme, que Cicéron paraît mettre au-dessus de tout ce que la Grèce a compté d'hommes illustres. En effet, dit Justin, comme un dard, lorsqu'on en a brisé la pointe, n'est plus en état de nuire, Thèbes aussi, après avoir perdu son chef, ne fut point formidable à ses ennemis, et sa puissance parut comme émoussée et anéantie par la mort d'Epaminondas. Avant lui, cette ville ne s'était distinguée par aucune action mémorable; après lui, elle retomba dans sa première obscurité. Ainsi l'on vit naître et périr sa gloire avec ce grand homme.

On a douté s'il était plus grand capitaine, ou plus homme de bien. Il ne chercha point à dominer lui-même, mais à rendre sa patrie dominante; et il porta le désintéres-

sement si loin, qu'il ne laissa pas en mou-
sant de quoi fournir aux frais de ses funé-
sailles. Philosophe de bonne foi, et pauvre
sar goût, il méprisa les richesses, sans vou-
soir, ce semble qu'on lui tînt compte de
se mépris; et si l'on en croit Justin, il ne
sut pas plus avide de gloire que d'argent.
Ce fut toujours malgré lui qu'on lui donna
ses commandemens dont il fut chargé; et il
s'y conduisit de telle manière, qu'il fit plus
d'honneur aux dignités qu'on lui conférait
que lui - même n'en fut honoré.

Quoique pauvre par lui-même et sans
revenus, sa pauvreté même, qui lui atti-
rait l'estime et la confiance des riches, le
mit en état de faire du bien aux autres.
Quelqu'un de ses amis se trouvant fort à
l'étroit, il l'envoya chez un des citoyens de
Thèbes les plus opulens, avec ordre de lui
demander de sa part mille écus. Celui-ci
étant venu chez lui pour s'informer du motif qui l'avait porté à lui adresser cet ami:
« C'est, lui répondit Epaminondas, que cet
homme de bien est dans le besoin, et que
vous êtes riche. »

Il avait puisé ces sentimens de généro-
sité et de noblesse dans l'étude des belles-

lettres et de la philosophie, qui avaient fait
dès ses plus tendres années sa plus ordinaire occupation et son unique plaisir; de
sorte que l'on était étonné et que l'on se
demandait comment et dans quel temps cet
homme, toujours occupé de sciences, avait
pu apprendre ou plutôt saisir dans un tel
degré de perfection l'art militaire. Avare
de son loisir, qu'il consacrait à l'étude de
la philosophie, qui était sa passion, il
fuyait les emplois publics, et ne briguait
que pour s'en exclure. Sa modération le
cachait si bien, qu'il vivait obscur, et presque inconnu : son mérite le décela pourtant. On l'arracha de la solitude pour le
mettre à la tête des armées; et il fit voir
que la philosophie, méprisée ordinairement
par ceux qui aspirent à la gloire des armes, est merveilleusement propre à former
des héros : car, outre que la plus grande
avance, pour vaincre les ennemis, c'est de
savoir se vaincre soi - même, on apprenait
anciennement dans cette école les grandes
maximes de la saine politique, la règle de
tous les devoirs, les motifs de s'en bien acquitter; ce qu'on doit à sa patrie, l'usage
qu'on doit faire de son autorité, en quoi

consiste le vrai courage : en un mot, ce qui
fait le bon citoyen, l'homme d'état, le
grand capitaine.

Il avait l'esprit orné en toutes manières;
possédait parfaitement le talent de la
parole; il s'était exercé dans les sciences les
plus sublimes. Mais une modeste retenue
était un voile sur toutes ces rares qualités,
qui en augmentait encore le prix, et il ne
savait ce que c'était que d'en faire parade.
Pintharus, en faisant son éloge, disait
qu'il n'avait jamais connu personne, ni
qui sût plus que lui, ni qui parlât moins. »

Ainsi l'on peut dire, à la louange d'Epaminondas, qu'il fit mentir le proverbe qui
traitait les Béotiens d'hommes grossiers et
stupides. C'était l'idée commune qu'on en
avait; et l'on imputait ce défaut à la gros-
sèreté de l'air du pays, comme aussi l'on
attribuait la délicatesse du goût des Athéniens à la subtilité de l'air qu'ils respiraient.
Horace dit qu'à juger d'Alexandre par son
mauvais goût sur la poésie, on jurerait que
c'est un franc Béotien :

Bœotum in crasso jurares aëre natum.

Un jour qu'on reprochait à Alcibiade son

peu d'inclination pour la musique, il s'a-
visa de dire pour dernière excuse : « C'est
aux Thébains à chanter comme ils font *
eux qui ne savent point parler. » Pindare et
Plutarque, deux Béotiens qui ne sentent
guère le terroir, et qui prouvent bien que
l'esprit est de tout pays, passent eux-mé-
mes condamnation sur la bêtise de leurs
compatriotes. Epaminondas fit honneur à
sa patrie, non-seulement par ses grands exploits de guerre, mais encore par cette
sorte de mérite que donnent la beauté de
l'esprit et l'étude des sciences.

Je finirai son portrait et son caractère
par un trait qui ne le cède en rien à tous
les autres, et qu'on peut même leur préfé-
rer, parce qu'il montre un bon cœur et une
ame sensible ; qualité rare, surtout parmi
les grands, mais infiniment plus estimable
que toutes ces qualités brillantes qui sont
l'objet le plus ordinaire de l'admiration du
commun des hommes, et qui presque seu-
les paraissent dignes d'être imitées et en-
viées. La victoire de Leuctres avait attiré
sur Epaminondas les yeux et l'admiration
de tous les peuples voisins, et le faisait re-

» Ils étaient grands musiciens.

garder comme l'appui et le restaurateur de
Thèbes, comme le vainqueur et le triom-
phateur de Sparte, comme le libérateur de
toute la Grèce, en un mot comme le plus
grand homme et le plus grand capitaine
qui eût jamais été. Au milieu de cet applaudissement général, si capable de causer
dans l'esprit d'un général d'armée une sorte
d'enivrement, Epaminondas, peu sensible
à une gloire si flatteuse et si méritée, « Ma
joie, dit-il, est celle que je sais que causera
à mon père et à ma mère la nouvelle de ma
victoire. »

Il me semble que l'histoire n'a rien de
plus précieux que de pareils sentimens,
qui font honneur à l'humanité, et qui
partent d'un cœur que la fausse gloire et la
fausse grandeur n'ont point corrompu.
J'avoue qu'on ne peut voir sans douleur
ces nobles sentimens s'éteindre parmi nous
tous les jours de plus en plus, surtout dans
ceux que leur naissance ou leur rang élè-
vent au-dessus des autres, qui souvent ne
sont ni bons pères, ni bons fils, ni bons
maris, ni bons amis, et qui croiraient se
dégrader s'ils témoignaient à l'égard de
père et de mère cette affectueuse tendresse

dont un païen nous donne ici un si bel exemple.

Jusqu'au temps d'Epaminondas on avait vu deux villes exercer alternativement une espèce d'empire sur toute la Grèce. La justice et la modération de Sparte lui avaient procuré d'abord une prééminence marquée, que la hauteur et la fierté de ses généraux, et surtout de Pausanias, lui firent bientôt perdre. Les Athéniens, jusqu'à la guerre du Péloponèse, occupèrent le premier rang, mais de telle sorte qu'on ne s'en apercevait presque qu'au soin qu'ils avaient de le remplir dignement, et que leurs inférieurs avaient lieu de se croire toujours leurs égaux. Ils jugeaient pour lors, et avec raison, que la véritable manière de commander et d'être maître, c'est de ne faire sentir sa supériorité que par des bienfaits. Ce temps, si glorieux pour Athènes, fut environ de quarante-cinq ans. Ils conservèrent encore en partie cette prééminence pendant les vingt-sept années que dura la guerre du Péloponèse ; ce qui fait en tout les soixante-douze ou soixante-treize ans que Démosthène donne à la durée de leur empire. Mais, pendant ce dernier espace de temps, les Grecs, rebutés de la fierté d'Athènes, n'en recevaient la loi qu'à contre-cœur. Les Lacédémoniens redevinrent donc encore le arbitres de la Grèce, et le furent près de trente ans, à compter depuis que Lysandre se fut rendu maître d'Athènes, jusqu'à la première guerre que les Athéniens, rétablis par Conon, entreprirent contre Sparte, devenue plus fière que jamais, pour se soustraire, eux et les autres Grecs, à sa tyrannie. Enfin Thèbes parut sur les rangs, et par le mérite éclatant d'un seul homme se vit à la tête de toute la Grèce. Mais cet éclat fut d'une courte durée ; et la mort d'Epaminondas, comme nous l'avons déja observé, replongea cette ville dans la même obscurité où il l'avait trouvée.

Démosthène remarque, dans l'endroit même que je viens de citer, de la prééminence qu'on voulait bien accorder soit à Sparte, soit à Athènes, était une prééminence d'honneur, non de domination, et que l'esprit de la Grèce était de conserver dans les autres villes une sorte d'égalité et l'indépendance. Aussi, dit-il, dès que la ville dominante tentait de s'arroger ce qui

ne lui appartenait point, et voulait, contre
les règles de la justice, ébranler les usages
établis, tous les Grecs croyaient devoir
courir aux armes, et, sans nul sujet de
mécontentement personnel, épouser avec
ardeur la querelle des offensés.

J'ajouterai ici une autre réflexion de Polybe, bien sensée. Il attribue la sage conduite des Athéniens, dans les temps dont
j'ai parlé, à la sagesse des chefs qui étaient
pour lors à la tête des affaires, et il se sert
d'une comparaison qui marque bien le caractère de ce peuple. Un vaisseau qui est
sans maître, dit-il, se trouve exposé à de
grands périls, lorsque chacun exige qu'on
le mène à son gré et ne veut point se laisser conduire. Quand il survient une rude
tempête, alors le danger même réunit les
esprits : on s'abandonne à l'habileté du pilote ; et, tous les rameurs faisant leur
devoir, le vaisseau est sauvé et mis en sûreté. Mais si, l'orage cesse et le temps
devenu serein, la discorde recommence dans
le vaisseau, que ceux qui y sont n'écoutent
plus le pilote, et prétendent se conduire à
leur tête ; que les uns veulent continuer
leur voyage, les autres s'arrêter au milieu

de la course, que d'un côté on déploie les voiles, et que de l'autre on les plie, il arrive souvent que, après avoir échappé à de violens orages, on fait naufrage dans le port même. Voilà, dit Polybe, une image naïve de la république d'Athènes. Tant qu'elle se laissa conduire, et qu'elle écouta ses illustres chefs, un Aristide, un Thémistocle, un Périclès, elle sortit toujours victorieuse des plus grands périls; mais la prospérité l'aveugla et la perdit. Ne suivant plus que son caprice, et devenue indocile et intraitable, elle se précipita dans les plus grands malheurs.

§ VIII. (Av. J.-C. 374.) La troisième année de la 101e olympiade, et peu de temps après que les Thébains eurent détruit Platée et Thespies, comme on l'a marqué auparavant, Evagore, roi de Salamine dans l'île de Cypre, dont il a été beaucoup parlé dans le volume précédent, fut assassiné par un de ses eunuques. Nicoclès, son fils, lui succéda. Il avait un beau modèle dans la personne de son père, et il paraît qu'il se fit un devoir et qu'il prit à tâche de marcher sur ses traces. Quand il prit possession du trône, il trouva le trésor public

absolument épuisé par les grandes dépenses
que son père avait été obligé de faire dans
la longue guerre qu'il eut à soutenir contre
le roi de Perse. Il savait que la plupart des
princes, dans de pareilles conjonctures, se
croient tout permis, et que tout moyen
leur paraît légitime pour rétablir leurs affaires. Pour lui, il se conduisit selon d'autres
principes. On n'entendit point parler, sous
son règne, d'exils, de taxes, de confisca-
tion de biens. La félicité publique fut son
unique objet, et la justice sa vertu favorite.
Il acquitta peu à peu les dettes de l'état,
sans fouler le peuple par des impôts exces-
sifs, mais en retranchant toutes les dépenses
inutiles , et usant d'une sage économie
dans l'administration de ses revenus. « Je
suis sûr, disait-il, qu'il ne se trouvera
aucun citoyen qui se plaigne que je lui aie
fait le moindre tort ; et j'ai la consolation
d'en avoir enrichi plusieurs, et de les avoir
comblés de bienfaits. » Il croyait que cette
sorte de vanité, si c'en est une, devait être
permise à un prince, et qu'il lui était glorieux de pouvoir faire un tel défi à ses
sujets.

Il se piquait encore principalement

d'une autre vertu, d'autant plus admirable dans les princes qu'elle y est plus rare ; je veux dire la tempérance. Il est beau, mais bien difficile, dans un âge et dans une fortune où tout paraît permis, et où la volupté, armée de tous ses attraits et tous ses artifices, dresse sans cesse des embûches à un jeune prince et va au-devant de ses desirs, de résister long-temps à de si violentes et de si douces attaques. Nicoclès faisait gloire de n'avoir jamais connu d'autre femme que la sienne pendant tout le temps de son règne ; et il s'étonnait que, tous les autres contrats étant respectés dans la société civile, celui du mariage, le plus sacré et le plus inviolable de tous, fût impunément violé, et qu'on ne rougît point de commettre à l'égard de son épouse une infidélité dont on serait au désespoir qu'elle se rendît elle-même coupable.

Tout ce que je viens de rapporter de la justice et de la tempérance de Nicoclès, Isocrate le met dans la bouche de ce prince même, et il n'y a pas d'apparence qu'il l'eût fait ainsi parler, si sa conduite n'eût répondu à de tels sentimens. C'est dans un discours où ce roi marque à son peuple

quels sont les devoirs des sujets à l'égard
des princes : amour, respect, obéissance,
fidélité, dévouement entier et sans bornes;
et, pour les engager plus efficacement à
remplir tous ces devoirs, il ne dédaigne
pas de leur rendre compte de sa conduite
et de ses sentimens.

Dans un autre discours, qui précède
celui-ci, Isocrate expose à Nicoclès tous
les devoirs de la royauté, et lui donne sur
ce sujet d'excellens avis. Je ne puis en
rapporter ici qu'une très petite partie. Il
commence par lui déclarer que les particuliers ont bien plus de secours que lui
pour la vertu, par la médiocrité de leur
état, par les travaux et les soins qui en
sont inséparables, par les malheurs où
souvent ils se trouvent exposés, par l'éloignement des délices et du luxe, et surtout
par la liberté qu'ont leurs parens et leurs
amis de leur donner des conseils; au lieu
que tous ces avantages manquent pour l'ordinaire aux princes. Il ajoute qu'un roi,
pour se mettre en état de bien gouverner,
doit éviter une vie oisive et désoccupée,
donner un temps réglé au travail et aux
affaires, se former un conseil de ce qu'il y

 1 dans son royaume de gens plus habiles et
plus expérimentés , travailler à se rendre
supérieur aux autres par son mérite et sa
prudence, comme il l'est par sa dignité ;
surtout se faire aimer de ses sujets, et pour
cela les aimer lui-même sincèrement , et
s'en regarder comme le père. « Conservez,
lui dit-il, la religion que vous avez reçue
de vos pères; mais comptez que le culte
et le sacrifice le plus agréable que vous
puissiez offrir à la Divinité est celui du
cœur, en vous rendant bon et juste. Montrez en toute occasion un tel respect pour
la vérité, qu'on se fie plus à une simple parole de votre part qu'au serment des autres. Soyez guerrier par l'habileté dans le
métier des armes, et par un appareil de
guerre capable d'intimider vos ennemis ,
mais pacifique par inclination et par une
rigide exactitude à ne rien prétendre et à
ne rien entreprendre d'injuste. L'unique
preuve certaine que vous aurez bien régné
sera de pouvoir vous rendre ce témoignage,
que, sous votre règne, votre peuple est
devenu et plus heureux et plus sage. »

Ce qui m'a paru le plus remarquable
dans ce discours, c'est que les avis qu'I-

socrate donne à ce roi n'y sont accompagnés d'aucune louange, ni de ces ménagemens étudiés et de ces détours artificieux sans lesquels la timide vérité n'ose approcher du trône ; ce qui est un grand éloge, encore plus pour le prince que pour l'écrivain. Nicoclès, loin d'être choqué des avis qu'on lui donnait, les reçut avec joie ; et pour en marquer sa reconnaissance à Isocrate, il lui fit présent de vingt talens, c'est-à-dire de vingt mille écus.

§ IX. (Av. J.-C. 377.) Artaxerxe, après avoir donné quelques années de relâche à ses peuples, avait formé le dessein de réduire l'Egypte, qui, depuis plusieurs années, avait secoué le joug de la domination de Perses. Il fit pour cela de grands préparatifs de guerre. Achoris, qui régnait pour lors en Egypte, et qui avait donné de puissans secours à Evagore contre les Perses, prévoyant l'orage, leva beaucoup de troupes de ses sujets, et prit à sa solde un gand nombre de Grecs et d'autres troupes auxiliaires, dont Chabrias l'Athénien eut le commandement. Il l'avait accepté de son chef, et sans ordre de la république.

Pharnabaze, ayant été chargé de cette

nerre, envoya faire des plaintes à Athènes
e ce que Chabrias s'engageait à servir
ontre son maître, et menaça du ressenti-
ient du roi cette république, si elle ne le
ippelait incessamment. Il demandait aussi
n même temps Iphicrate, autre Athénien,
ni était regardé comme un des plus excel-
ms capitaines de son temps, pour lui
onner dans cette guerre le commande-
ient du corps de troupes grecques que son
naître avait à son service. Les Athéniens,
ni avaient grand intérêt de ménager l'a-
nitié du roi, rappelèrent Chabrias, et lui
rdonnèrent, sous peine de mort, de se
endre à Athènes au jour marqué. Iphicrate
it envoyé à l'armée de Perse.

Les Perses firent leurs préparatifs avec
int de lenteur, que deux années entières
écoulèrent avant qu'on entrât en action.
choris, roi d'Egypte, vint à mourir.
sammuthis, qui lui succéda, ne régna qu'un
n. Après lui vint Néprérite; et quatre
iois après, Nectanébus, qui régna dix ou
ouze ans.

(Av. J.-C. 374.) Pour tirer plus de trou-
es de la Grèce, Artaxerxe y envoya des
mbassadeurs déclarer à tous les états que

le roi entendait qu'ils vécussent tous en paix entre eux et sur le pied du traité d'Antalcide, qu'on retirât toutes les garnisons, et qu'on laissât toutes les villes jouir de la liberté sous leurs propres lois. Toute la Grèce reçut avec plaisir cette déclaration, excepté les Thébains, qui refusèrent de s'y conformer.

Enfin, tout étant prêt pour attaquer l'Égypte, on forma un camp à Acé, appelé depuis Ptolémaïs, dans la Palestine, où était le rendez-vous général. Dans la revue qui s'y fit, il se trouvait deux cent mille Perses que commandait Pharnabaze; et vingt mille Grecs sous Iphicrate. Les forces de mer étaient proportionnées à celles de terre; car leur flotte était de trois cents galères, outre deux cents autres vaisseaux à trente rames, et un nombre prodigieux de barques pour les provisions nécessaires à la flotte et à l'armée de terre.

L'armée et la flotte se mirent en mouvement en même temps; et, pour agir de concert, elles s'éloignaient le moins qu'il leur était possible l'une et l'autre. L'ouverture de la guerre devait se faire par l'attaque de

Péluse : mais on avait donné tant de temps aux Egyptiens, que Nectanébus leur en rendît l'approche impraticable et par terre et par mer. Ainsi la flotte, au lieu de faire là sa descente, comme on l'avait projeté, passa outre et alla dans la bouche du Nil appelée *Mendésienne*. Le Nil, en ce temps-là se jetant dans la mer par sept différentes bouches, dont il ne reste plus aujourd'hui que deux[*]; et à chaque embouchure il y avait un fort avec une bonne garnison pour en défendre l'entrée. La Mendésienne n'était pas si bien fortifiée que celle de Péluse, où l'on attendait l'ennemi, la descente s'y fit sans beaucoup de peine. Le fort fut emporté l'épée à la main, et on n'y fit quartier à personne.

Après cette action d'éclat, Iphicrate voulait qu'on remontât le Nil sans perdre de temps pour aller attaquer Memphis, la capitale de l'Egypte. Si cet avis eût été suivi avant que les Egyptiens eussent eu le temps de revenir de la frayeur où les avaient jetés cette formidable invasion et le premier coup qu'on venait de frapper, on aurait trouvé cette capitale sans défense ; elle eût été immanquablement emportée,

» De Damiète et de Rosette.

et toute l'Égypte était reconquise. Mais le gros de l'armée n'étant pas encore arrivé, Pharnabaze crut devoir l'attendre et ne voulut rien entreprendre qu'il n'eût assemblé toutes ses forces, sous prétexte qu'alors elles seraient invincibles, et qu'il n'y aurait point d'obstacle capable de l'arrêter.

Iphicrate, qui savait que dans les affaires de la guerre surtout, il y a des momens favorables et décisifs qu'il faut saisir, en jugeait tout autrement; et, au désespoir de voir qu'on laissât échapper une occasion qui ne se retrouverait jamais, il demanda instamment qu'au moins on lui permît d'y aller seulement avec ses vingt mille hommes. Pharnabaze lui en refusa la permission, par un sentiment de basse jalousie, craignant que, si cette entreprise réussissait, tout l'honneur de la guerre ne fût pour Iphicrate. Ce délai donna le temps aux Égyptiens de se reconnaître. Ils rassemblèrent toutes leurs troupes en un corps, mirent une bonne garnison dans Memphis, et avec le reste tinrent la campagne, et harassèrent tellement l'armée des Perses, qu'ils l'empêchèrent de s'avancer au-de-

dans du pays. Après cela survint l'inonda-
tion du Nil, qui ayant couvert d'eau toute
la campagne, obligea les Perses de retourner dans la Phénicie, après avoir
perdu inutilement une bonne partie de leur
armée.

Ainsi cette expédition, qui avait coûté
des sommes immenses, et dont les seuls
préparatifs avaient donné tant de peine
depuis plus de deux ans, échoua entièrement, et n'aboutit qu'à causer une haine
irréconciliable entre les deux généraux qui
y avaient commandé. Pharnabaze, pour
s'excuser, accusait Iphicrate d'en avoir
empêché la réussite. Iphicrate, avec beaucoup plus de raison, en attribuait toute la
faute à Pharnabaze; mais sachant fort
bien que ce seigneur serait cru à la cour
préférablement à lui, et n'ayant pas oublié ce qui était arrivé à Conon, il prit le
parti, pour éviter un sort pareil à celui de
cet illustre Athénien, de se sauver à Athe-
nes dans un petit vaisseau qu'il loua. Pharnabaze l'y fit accuser d'avoir fait avorter
l'expédition d'Egypte. Le peuple d'Athènes
lui fit répondre que, si on pouvait l'en con-
vaincre, il serait puni comme son crime le

méritait. Mais son innocence était trop bien connue à Athènes pour l'inquiéter là-dessus. Il ne paraît pas qu'on lui ait jamais fait d'affaire ; et peu de temps après les Athéniens le déclarèrent seul amiral de leur flotte.

La plupart des projets de la cour de Perse échouaient pour l'ordinaire par sa lenteur dans l'exécution. Les généraux avaient les mains liées : on ne laissait rien à leur discrétion. Ils avaient dans leurs instructions un plan tout formé, dont ils n'osaient pas s'écarter. Survenait-il quelque accident qu'on n'avait pas prévu, il fallait attendre de nouveaux ordres de la cour ; et, avant qu'ils vinssent, l'occasion était perdue. Iphicrate, ayant remarqué que Pharnabaze prenait ses résolutions avec toute la présence d'esprit et la pénétration qu'on pouvait souhaiter dans un habile général, et que néanmoins l'exécution ne suivait pas, lui demanda un jour d'où venait que ses vues étaient si vives et ses actions si lentes : C'est lui répliqua Pharnabaze, que mes vues ne dépendent que de moi, et que l'exécution dépend de mon maître.

§ X. Après la bataille de Mantinée, les deux partis, également las de la guerre, avaient fait avec tous les autres états de la Grèce une paix générale, sur le plan du roi de Perse, par laquelle on assurait à chaque ville la jouissance de ses lois et de sa liberté; et les Messéniens y furent compris, malgré tous les mouvemens que se donnèrent les Lacédémoniens pour l'empêcher. Le dépit qu'ils en eurent les sépara des autres Grecs. Ils furent les seuls qui voulurent continuer la guerre, dans l'espérance de recouvrer bientôt tout le pays de la Messénie. Cette résolution dont Agésilas était l'auteur, le fit regarder avec raison comme un homme violent, opiniâtre, insatiable de gloire et de commandemens, qui ne craignait point de replonger les sujets de la république dans des malheurs inévitables, par la nécessité où la disette d'argent la mettrait d'emprunter de grosses sommes et de faire de grosses impositions, au lieu de profiter de l'occasion favorable qu'il avait de conclure la paix et de faire finir tous ces maux.

(Av. J.-C. 363.) Pendant que ceci se passait en Grèce, Tachos, qui était monté sur le trône de l'Egypte, ramassait autant de troupes qu'il pouvait pour se défendre contre le roi de Perse, qui songeait à attaquer de nouveau l'Egypte malgré le mauvais succès des efforts qu'il avait déjà faits pour réduire ce royaume.

Pour cet effet, Tachos envoya en Grèce, et obtint des Lacédémoniens un corps de leurs troupes, et Agésilas pour les commander : il lui promettait de le faire généralissime de ses troupes. Les Lacédémoniens étaient piqués de ce qu'Artaxerxe les avait forcés de comprendre les Messéniens dans la paix qu'ils venaient de conclure, et ils furent ravis d'avoir cette occasion de lui en marquer leur ressentiment. Chabrias, Athénien, se donna aussi à Tachos, mais de son chef, et sans être avoué de sa république.

Cette commission ne fit pas d'honneur à Agésilas ; on trouvait indigne qu'un roi de Lacédémone, un grand capitaine comme lui, qui avait rempli la terre du bruit de son nom, un homme plus qu'octogénaire, allât se mettre à la solde d'un Egyptien, et servir sous un barbare qui s'était révolté contre son maître.

Dès qu'il fut abordé en Egypte, les principaux capitaines du roi et les premiers officiers de sa maison se rendirent à son vaisseau pour le recevoir et pour lui faire la cour. Les autres Egyptiens n'eurent pas moins d'empressement, à cause de la grande attente qu'avaient excitée le nom et la réputation d'Agésilas. Ils accouraient tous en foule sur le rivage pour le voir. Mais, lorsqu'au lieu d'un grand et magnifique prince, selon l'idée que leur en avaient donnée ses belles actions, ils n'aperçurent aucun éclat, aucune magnificence, ni sur sa personne, ni dans son équipage, et qu'ils virent seulement un vieillard d'une chétive mine, petit corps, sans aucune apparence, et vêtu d'une méchante robe d'une étoffe fort grossière, il leur prit une envie démesurée de rire, et ils lui appliquèrent la fable d'une montagne en travail.

Quand il fut arrivé auprès du roi Tachos, et qu'il eut joint ses troupes à celles d'Égypte, il fut fort étonné de voir qu'on ne le nomma pas général de toute cette armée comme il s'y était attendu, mais seulement des troupes étrangères ;

que Chabrias l'Athénien fut fait général
des troupes de mer, et que Tachos re-
tenait pour lui le commandement en chef.
Ce ne fut pas là le seul déplaisir qu'il eut
à essuyer.

Tachos prit la résolution de marcher
vers la Phénicie, aimant mieux faire de ce
pays-là le théâtre de la guerre que d'attendre l'ennemi dans l'Egypte. Agésilas,
qui en savait plus que lui, eut beau lui
représenter que ses affaires n'étaient pas
assez bien établies au-dedans pour s'éloigner ainsi de ses états, qu'il ferait beaucoup mieux d'y demeurer, et de se con-
tenter de faire agir ses généraux hors de
son pays, Tachos méprisa ce sage avis, et
ne marqua pas de plus grands égards pour
lui dans toutes les autres occasions. Agésilas fut si outré de toute cette conduite,
qu'il se joignit aux Egyptiens qui s'étaient
soulevés contre lui pendant son absence,
et qui avaient mis Nectanébus, son cousin *, à sa place, Agésilas, abandonnant
ainsi le roi au secours duquel il avait été

---

* Selon Diodore, c'était son propre fils; selon Plutarque, son cousin.

envoyé, et entrant au service du rebelle qui l'avait détrôné, alléguait pour sa justification qu'il était envoyé pour secourir les Egyptiens, et que, ceux-ci ayant pris les armes contre Tachos, il ne lui était pas permis de servir contre eux sans de nouveaux ordres de Lacédémone. Il y envoya des exprès, et les instructions qu'il reçut furent qu'il fît ce qu'il jugerait le plus avantageux pour sa patrie. Il n'hésita pas à se déclarer pour Nectébus. Alors Tachos, obligé de sortir de l'Egypte, se retira à Sidon, d'où il se sendit à la cour de Perse. Artaxerxe, non content de lui pardonner sa faute, lui donna encore le commandement de ses troupes contre les rebelles.

Agésilas couvrait une action si lâche et si noire du voile de l'utilité publique. Mais, dit Plutarque, que l'on ôte ce voile trompeur, le nom le plus juste et le seul véritable que l'on puisse donner à cette démarche, c'est celui de perfidie et de trahison. Il est vrai que les Lacédémoniens, faisant consister la plus grande partie du beau et de l'honnête dans ce qui est utile à leur patrie, dont ils se font une idole ne connaissaient d'autre

justice que ce qui leur paraît pouvoir servir à augmenter la grandeur de Sparte et à
étendre sa domination. Je m'étonne qu'un
auteur aussi judicieux que Xénophon ait
cherché à pallier une telle conduite, en disant simplement qu'Agésilas s'attacha à celui
des deux rois qui lui parut le plus affec-
tionné à la Grèce.

Dans le même temps, un troisième
prince de la ville de Mendès, se mit sur les
rangs, et voulut disputer la couronne à
Nectanébus. Ce nouveau prétendant avait
une armée de cent mille hommes pour soutenir ses prétentions. Agésilas conseilla de
les charger avant qu'ils fussent exercés et
disciplinés. En effet, si son avis eût été
suivi, on aurait eu bon marché de gens
levés à la hâte et sans expérience dans la
guerre : mais Nectanébus se mit dans la
tête qu'Agésilas ne lui donnait ce conseil
que pour le trahir ensuite comme il avait
trahi Tachos. Ainsi il laissa à son ennemi
le temps d'exercer et de discipliner ses
troupes, qui bientôt après l'obligèrent lui-
même de se retirer dans une ville fermée
de bonnes murailles, et qui avait une fort
grande enceinte. Agésilas fut obligé de l'y

nivre. Le prince mendésien les y assiéga.
Lors Nectanébus voulait charger l'ennemi
vant que les travaux que l'on commençait
pour enfermer la ville fussent avancés, et
pressait Agésilas de le faire. Celui-ci refusa
d'abord, ce qui augmenta extrêmement les
soupçons qu'on avait pris contre lui. A la
fin, quand il vit l'ouvrage assez avancé, et
qu'il ne restait plus qu'autant de terrain
entre les deux bouts des lignes qu'en pou-
raient occuper les troupes de la ville ran-
gées en bataille, il dit à Nectanébus qu'il
était temps d'attaquer les ennemis; que
leurs propres lignes les empêcheraient de
envelopper; et que l'entre-deux, encore
vide, était justement ce qu'il fallait pour
ranger ses troupes de manière qu'elles pussent toutes agir. L'attaque s'exécuta comme
Agésilas l'avait imaginée. Les assiégeans
furent battus; et depuis ce temps-là Agésilas conduisit toutes les opérations de la
guerre avec tant de succès, qu'il battit
toujours le prince ennemi, et le fit enfin
prisonnier.

[Av. J.-C. 361.] L'hiver suivant, après
avoir bien établi Nectanébus sur le trône,
se mit en mer pour retourner à Lécédé-

mone. Des vents contraires le poussèrent sur la côte d'Afrique, dans un endroit qu'on appelait le port de Ménélas, où il tomba malade, et mourut agé de plus de quatre-vingt-quatre ans. Il en avait régné quarante et un à Sparte; et de ces quarante et un il en avait passé plus de trente dans la réputation du plus grand et du plus puissant de tous les Grecs, et avait été regardé comme le chef et le roi de presque toute la Grèce jusqu'à la bataille de Leuctres. Ses dernières années ne soutinrent pas parfaitement la réputation qu'il s'était acquise; et l'on trouve que Xénophon, dans l'éloge qu'il fait de ce prince, où il lui donne la préférence sur tous les autres capitaines, a trop exagéré ses vertus et dissimulé ses défauts.

Le corps d'Agésilas fut transporté à Sparte. Ceux qui étaient auprès de lui n'ayant point de miel, dont les Spartiates avaient coutume de couvrir le corps qu'ils voulaient embaumer, y substituèrent de la cire. Son fils Archidamus lui succéda au trône, qui demeura dans sa maison jusqu'à Agis, qui fut le cinquième roi de sa famille depuis Agésilas.

Vers la fin de la guerre d'Egypte écla-
tèrent les révoltes de la plupart des provinces soumises aux Perses.

Artaxerxe Mnémon, sans le vouloir, y
avait donné lieu. Ce prince, par lui-même,
était bon, équitable, bienfaisant; il aimait
ses peuples et en était aimé. Il avait beaucoup de douceur dans le caractère, mais
une douceur qui dégénérait en mollesse,
surtout dans les dernières années de sa vie;
qui lui donnait de l'éloignement pour toute
application et tout travail; et qui par-là
rendait inutiles les bonnes qualités qu'il
avait d'ailleurs, aussi-bien que ses bonnes
intentions. Les satrapes et les gouverneurs
de provinces, abusant de sa bonté et de la
faiblesse de son grand âge, vexaient les
peuples, les traitaient avec hauteur et dureté, les accablaient d'impôts, et faisaient
tout ce qu'il fallait pour leur rendre le
joug de la domination persane insupportable.

Le mécontentement devint général, et,
après une longue patience, il éclata presque en même temps de tous côtés. L'Asie
Mineure, la Syrie, la Phénicie, et plusieurs
autres provinces, se déclarèrent ouverte-

ment et prirent les armes. Les principau.
chefs qui entrèrent dans cette conspiratio:
étaient : Ariobarzane, satrape de Phrygie:
Mausole, roi de Carie; Oronte, gouverneu:
de Mysie; Autophradate de Lydie. Datame:
qui commandait en Cappadoce, et dont i
a été parlé ailleurs, s'y trouva aussi enga:
gé. Par-là tout d'un coup la moitié des
sources des revenus de la couronne se
trouva tarie; et le reste n'eût pas suffi pou:
faire la guerre aux révoltés, s'ils eussent ag:
de concert. Mais leur union ne dura guère:
et ceux qui avaient été les premiers et le:
plus zélés à secouer le joug furent aussi le:
premiers à le reprendre et à trahir les intérêts des autres pour faire leur paix ave:
le roi.

Les provinces de l'Asie Mineure, en se
retirant de son obéissance, s'étaient confé-
dérées, afin de se mieux défendre contr:
lui. Elles avaient choisi Oronte, gouver-
neur de Mysie, pour général de la confédération. Elles avaient aussi résolu qu'on
prendrait vingt mille hommes de troupe:
étrangères pour joindre à celles du pays.
et ce fut le même Oronte qui fut chargé de:
les lever. Mais quand il eut entre les mains:

°argent nécessaire pour la levée de ces
troupes et pour un an de paie, il garda
°argent pour lui, et livra au roi ceux qui
ne lui avaient apporté des provinces révol-
tées.

Rhéomithre, un autre des chefs dans
°Asie Mineure, étant envoyé en Egypte *
pour en tirer du secours, commit une perfidie et une trahison toute pareille. En effet, ayant apporté de ce pays-là cinq cents
talents *, et obtenu cinquante vaisseaux de
guerre, il convoqua à Leucas, ville de l'A-
sie Mineure, les principaux des révoltés,
sous prétexte de leur rendre compte de sa
négociation, les arrêta tous, les livra au
roi pour faire sa paix, et garda l'argent
qu'il avait rapporté d'Egypte pour la confédération. Ainsi cette formidable révolte,
qui avait mis l'empire de Perse à deux
doigts de sa ruine, se dissipa d'elle-même;
ou, pour parler plus juste, elle fut suspen-
due pour quelque temps.

§ XI. La fin du règne d'Artaxerxe fut

» Diodore dit que ce fut vers Tachos; mais il
y a plus d'apparence que ce fut vers Nectanébus.

»» 2,750,000 francs.

pleine de cable. Tout le monde à sa cour
prenait parti pour quelqu'un de ses fils,
qui prétendait à sa succession. Il en avait
cent cinquante de ses concubines, lesquelles
étaient au nombre de trois cent soixante
et trois d'Atossa, sa femme légitime, Darius, Ariaspe et Ochus. Pour arrêter tous
ces mouvemens, il désigna Darius, qui
était l'aîné, pour son successeur; et, afin
d'ôter tout lieu de lui disputer son droit
après sa mort, il lui permit dès-lors de
prendre le titre de roi, et de porter la
tiare royale *. Mais ce jeune prince voulait
quelque chose de plus réel : d'ailleurs, le
refus que fit Artaxerxe de lui donner une
de ses concubines, qu'il lui avait demandée,
le piqua vivement; et il fit une conspiration
contre la vie de son père, où il engagea
cinquante de ses frères.

Ce fut Tiribaze, dont il a été parlé plu--
sieurs fois dans le volume précédent, qui
contribua le plus à lui faire prendre une

* Cette tiare était un turban, ou une espèce
de coiffure dont l'aigrette était droite. Les sept
conseillers avaient aussi une aigrette; mais elle
était couchée, et en avant. Tous les autres la portaient couchée, et en arrière.

résolution si dénaturée, et cela pour un pareil sujet de mécontentement contre le roi, qui, ayant promis de lui donner en mariage une de ses filles, puis un autre, lui manqua toutes les deux fois de parole, et les épousa lui-même. Ces incestes abominables étaient pour lors permis en Perse, sans que la religion qu'on y professait réclamât contre.

Déjà le nombre des conjurés était grand, et le jour pris pour l'exécution, lorsqu'un eunuque, bien instruit de tout, en donna avis au roi. Sur cette dénonciation, Artaxerxe pensa que ce serait une fort grande imprudence de mépriser un si grand danger, en négligeant d'approfondir l'avis; mais que c'en serait encore une plus grande d'y ajouter foi sans aucune preuve certaine et indubitable. Il s'en assura par ses propres yeux. On laissa venir les conjurés jusque dans la chambre du roi, puis ils furent arrêtés. Darius et tous ses complices furent punis comme ils le méritaient.

Après la mort de Darius, les cabales recommencèrent tout de nouveau. Trois de ses frères se mirent sur les rangs : Ariaspe, Ochus et Arsame. Les deux premiers pré-

tendaient à la couronne par droit de naissance, parce qu'ils étaient fils de la reine;
le troisième avait pour lui la faveur du roi,
dont il était le plus tendrement aimé, quoiqu'il ne fût fils que d'une concubine. Ochus,
dévoré d'ambition, chercha à se défaire de
ses deux rivaux. Comme il était également
cruel et rusé, il employa sa cruauté contre
Arsame, ses ruses et ses finesses contre
Ariaspe. Connaissant ce dernier pour un
homme fort simple et fort crédule, il lui fit
faire, par des eunuques du palais qu'il avait
gagnés, de si terribles menaces de la part
du roi son père, que, s'attendant à tout
moment d'être traité comme l'avait été Darius, il s'empoisonna lui-même pour l'éviter. Il ne restait plus après cela qu'Arsame
qui lui fît ombrage, parce que son père,
aussi-bien que tout le monde en général, le
regardait comme le plus digne du trône, à
cause de son habileté et de ses autres belles
qualités. Il le fit assassiner par Harpate, fils
de Tiribaze.

Cette perte, qui suivit l'autre de fort
près, et la scélératesse qui les avait accom-
pagnées toutes deux, causèrent une douleur
mortelle à ce vieux roi. A son âge, il n'est

pas surprenant qu'il ne se trouvât pas assez de force pour soutenir le poids d'une
telle affliction; elle l'accabla, et le mit au
tombeau après un règne de quarante-trois
ans [Av. J.-C. 361], qui pourrait passer
pour heureux s'il n'avait été troublé par
beaucoup de révoltes. Le règne suivant ne
le sera pas moins.

§XII. J'ai eu soin, en rapportant les sédi-
tions arrivées dans l'empire des Perses, de
marquer de temps en temps les abus qui y
donnaient lieu; mais comme ces révoltes
ont été plus fréquentes que jamais dans les
dernières années et qu'elles le seront encore, surtout sous le règne qui va suivre,
j'ai cru qu'il était à propos de réunir ici
sous un même point de vue les différentes
causes de ces soulèvemens, qui annoncent
pour l'empire des Perses une prochaine
décadence.

1. Après le règne d'Artaxerxe-Longue-
Main, les rois de Perse s'abandonnèrent de
plus en plus aux charmes de la volupté et
du luxe, et à la douceur d'une vie indo-
lente et désoccupée. Renfermés ordinairement dans leurs palais au milieu des
femmes et d'une foule de courtisans flat-

teurs, ils se contentaient de goûter dans une molle oisiveté le plaisir d'être les maîtres de tout; et ils faisaient consister leur grandeur dans l'éclat des richesses, et dans une somptueuse magnificence.

11. C'étaient d'ailleurs des princes sans grands talens pour le maniement des affaires, sans grandes capacités pour le gouvernement, sans goût pour la gloire. Ne se sentant pas assez d'étendue d'esprit pour animer toutes les parties de ce vaste empire, ni assez de force pour en soutenir le poids, ils se déchargeaient sur leurs officiers du soin des affaires, des fatigues du commandement des armées, et des dangers qui accompagnent l'exécution des grandes entreprises; et leur ambition se bornaient à porter seuls le titre fastueux de grand roi, et de roi des rois.

TABLE DES MATIÈRES

CONTENUES

DANS LE TOME QUINZIÈME.

LIVRE DOUZIÈME.

CHAPITRE PREMIER.

FIN DE LA TABLE DU TOME QUINZIÈME.